保育と心理の架け橋

山田眞理子先生を囲む会 編

推薦のことば

光沢寺第二保育園　園長
元全国保育士会会長　藤岡佐規子

　山田真理子先生が定年まで、まだ数年を残し永年勤められた大学を退かれた。
　子どもの求める保育者養成のため、「子どもと保育研究所ぷろほ」設立という強い思いからという。
　時、恰も、戦後60余年構築して来た世界に誇る我が国の保育制度が根底から覆されるような新制度が施行されようとし、現場・養成校・学会など保育界が大揺れに揺れ、不安が増幅している最中である。
　還暦という節目を機に新たな一歩を踏み出そうというお考えであろうが、一見、無謀とも思えることを何のためらいもなく突き進まれるのが先生の面目躍如たる所以である。本著の第2章を読むと、何をするにも真っしぐら、常に前進あるのみ、信じる道を迷わず突き進み続けてこられた60年の道程が展開され、只、「すごい！」の一言につきる。
　羨ましい程、迷いのない明快な行動力である。それに比べて私の保育人生は迷いの連続であった。放送教育のスタート時、小学校の先生方とその研究を共にしたことがあったが、リーダーの教諭の「放送教育実践校から非行少年は出ない」という一言に、「これが絶対だというものがあるのだろうか、その思い込みから堕落が始まるのではないか」と疑問をもった。
　「子どもの心の内奥を読みとる」という大学時代の恩師の言葉は胆に命じているが、千差万別、数限りない保育実践の態様の中で「この子どもの成長にとって、この方法が有効であることを予測できる」という判断を下しているのが保育者の心底に潜む保育観であると思う。
　保育者には真面目人間が多い、それだけに何かユニークな保育を知るとすぐに信者になり、教祖に心酔し「これしかない」と思い込む。良い保育をしている者がこれでよいのだろうかと常に自分を問い続ける姿勢が大切なのだと思っている。

推薦の言葉

　確かな理論や技術をもつことは必要だが「センセイ　アナタノ　生キ方ヲ示シテ」という子どもからメッセージに応えていくことの大切さも「ぷろほ」の今後に期待したいのが、迷い多い私のねがいでもある。

　こんな私が山田先生に魅かれる理由は本著を読まれると随所に発見していただけるだろう、それは子どもに対する思いの深さである。

　さまざまな背景をもつ子どもとの関わりに、悩み多い保育者たちが、行く道を見出せず打ちひしがれている時、明快な方向を示して下さる先生のスーパーバイズに救われた例は少なくない。その助言の中心にゆるがず置かれているのが、「その子がどう感じているか」「その子が何に困っているのか」「その子がここにいていいんだと感じているか」「その子が大切にされていると感じているか」と、一人のその子の心を大切に、ということへの納得である。北九州市社会福祉研修所で私が20年余り続けて来た保育ゼミナールの後をお願いしたのもそれ故である。

　創造保育の島崎先生への出会いから穂波に居を移し、ノーテレビデーを提唱・浸透させ、チャイルドライン開設、子どもの村設立、と次々に信じた道を突き進むお母様の行動力に、諦めと尊敬のエールが交錯する２人のお子様のメッセージや、教え子の方の山田先生を送る歌にみる「こちらの都合は丸無視だ〜今日も誰かが犠牲者に」など、先生の駄々っ子ぶりに困惑しながら、心から我が道をいく先生への敬愛の念と温かなエールが伝わってくるのである。

　現代社会の閉塞感、五里霧中の保育をめぐる環境の中にあって「ワタシが安心デキル保育者ヲ」という子どもの声に導かれたと、私財を投げ打って設立された「子どもと保育研究所ぷろほ」が本著書の読者によって、先生の信じて進む行動力への大きいエールとなり保育者の確かな育ちにつながることが、子どもの現在の充実、未来のすばらしい社会の実現となるであろうことを信じてやまない。

囲む会を企画して

晴明保育園　園長
山田眞理子先生を囲む会　実行委員長　辻　広明

　平成23年5月、「山田先生が退職されるみたい」と聞いて、まず、九州大谷短期大学幼児教育科は大丈夫か？と卒業生の一人としては心配が先に立ったことを思い出します。同時に、「山田先生を囲んで何かやりたい！」と相談を受けたことから、山田先生にはナイショで実行委員会が始まりました。

　私が学生の頃は、山田先生は背中にお子さんを背負っての年間数回の集中講義のみだったため、そんなに深いお付き合いはありませんでした。そして卒業後、私が保育士研修や親子での運動あそび、小学校での伝承あそびやレクリエーション指導をしている内容を短大で授業してくれないかと依頼され、山田先生との距離がグンと近くなりました。私が授業を引き受けた初年度は、山田先生にとっても本格的に大学の授業や活動に本腰を入れた特別な年だったようで、その年度（25期生）の学生を中心に囲む会の企画はすすんでいきました。

　平成23年10月。「山田先生の日程だけは押さえてるけど…」「どの規模になるのだろう？」「会場はどうする？」「どう周知しようか？」「参加者集約状況を見て会場を決定しよう。」と手探り状態だった事が急転しました。山田先生より「秘密裏に…でしたが、今回の企画を同窓会から幼児教育学科OB会として呼びかけてもらえませんか？どうせやるならそれを活かすのが私の本性です」と相談があり、大学同窓会の補助を受け、会場費の助成や会報発送に併せてチラシを同封していただくことになったのです。大学からは2010年末に新築された大谷講堂を使用する許可が出ました。それからは、実行委員会が山田先生からの希望も取り入れながら具体的な企画・運営内容を詰めていくことになりました。

　オープニングには太鼓サークルが太鼓を叩いて！「音楽劇 愚禿釋親鸞」の特別バージョン公演を演劇放送の先生と学生にお願いできたそうな。大学での最終講義の時間をとってほしいって。息子さんと娘さんがお礼に太鼓を叩くそうだ‥‥など、山田先生の想いをうまく形にして構成していくこと、その舞台が映えるように

照明・音響・舞台の手配、広報・集約などが実行委員会の役割となっていきました。それらも、山田先生のこれまでの繋がりで、皆さん快く引き受けてくださいました。ご自分の想いをしっかりとお持ちで、しかもこれまでの関わりのある活動や人脈もきっちり使うところは相変わらずだし、「さすが」と言うしかありませんでした。

　このたび、山田先生の著書を多く手がけてこられたエイデル研究所から、囲む会の様子と最終講義を軸に、その前日にあった最終授業（保育実習アフターミーティング）と、2011年12月23日にあった「九州大谷真宗保育研究会シンポジウム」での山田先生の発言内容に加筆されたものをまとめて出版されることになり、参加した方たちだけでなく、当日来られなかった多くの方々にもお届けできることは、囲む会実行委員一同、大変嬉しく、光栄に思っています。

　自分の想いをしっかり持ち、周りの人脈・組織を巻き込んで世の中に問題提起をしてきたのが山田先生のこれまでの人生だったのでしょうし、今後もそれは変わらないのでしょう。常に子どもの気持ちに寄り添い、時代と共に変化する子どもたちを取り巻く環境に警鐘を鳴らし続け、子どもたちを救う人作り、組織作りに奔走し続けられることでしょう。私も微力ながら、その一人になり、その活動の一端を担いたいと思っています。

　子どもたちを取り巻く環境がおかしくなっていくからこそ、なおさら何が大事なのか、どうしなければいけないかを問い続け、子どもたちの心のSOSを感じて伝える活動を通じて、子どもたちに「そばにいて欲しい人」になれることが山田先生への恩返しだと思っています。

　山田先生を囲む会では、お世話になったみんなが山田先生の人生を通して、今後の自分の人生や幼児教育をどう深めていくかを考える良いきっかけをいただいたように思いました。これからも山田先生の活躍を期待しつつ、企画した一人として楽しみに後ろ姿を追い続けます。

2012年5月31日

ー 目　次 ー

推薦のことば ……………………………………………………………………………… 2
　藤岡佐規子（光沢寺第二保育園園長・元全国保育士会会長）

囲む会を企画して ………………………………………………………………………… 4
　辻　広明（山田眞理子先生を囲む会実行委員長）

第1章　最終授業 アフターミーティング・ライブ …………………… 9
　（1）いじめ　10
　（2）「作って」「描いて」に対して　11
　（3）泣きながら叩いてきた　12
　（4）子どもの宝物　12
　（5）跳びつかれて　13
　（6）子どもの作品への評価　14
　（7）甘やかす？　15
　（8）鬼ごっこ　17
　（9）グレーゾーンの子ども　18
　（10）寝かしつかせ　19
　（11）次々と抱っこ　20
　（12）パンツをはかないで遊ぶ　21
　（13）仲間はずれ　22
　（14）実習生のやるべきことは　23

保育スーパービジョン・アフターミーティング ……………………………………… 26
　原　陽一郎（九州大谷短期大学准教授）

第2章　山田眞理子先生を囲む会と60年史 ……… 33

山田眞理子先生を囲む会（2012年2月11日） ……… 34
- Ⅰ．囲む会　35
- Ⅱ．囲む会に寄せられた山田先生へのメッセージ　39
- Ⅲ．お礼のことば　49

山田眞理子60年史 ……… 52

第3章　最終講義　コンステレーション 〜導かれて〜 ……… 63

- 心理学を学ぶ　64
- クライエントに育てられて　65
- 一本の電話から　65
- 美雪さんへ　66
- 奇跡……　69
- 感謝をこめて　72

第4章　保育心理士と真宗保育
(2011年12月23日 九州大谷真宗保育研究会シンポジウムより) ……… 73

- 1．はじめに　74
- 2．大谷保育協会と真宗保育　74
- 3．愚禿釈親鸞から真宗保育を考える　76
- 4．真宗保育に関するアンケート調査　83
- 5．事例研究を通して真宗保育を考える　84
- 6．私の中の真宗保育　87

第 1 章

最終授業
アフターミーティング・ライブ

九州大谷短期大学幼児教育学科の特徴の一つが１年次のアフターミーティングだろう。実習に出た学生が抱えてくる様々な疑問や戸惑いを、質疑応答の形で発表して山田眞理子・原陽一郎の両先生がコメントする。そのコメントで、何かが分かってゆく実感を持つ学生たちは、前期のその授業をICレコーダーで記録する者も多い。学生からの質問は先を争ってなされ、90分で終わり切らない場合も多く、その質疑応答は保育現場の研修テキストになっている（『抱っこしてもいいの？』エイデル研究所刊）。この授業が１年次前期に設けられていることは、九州大谷幼児教育学科の洗礼とでもいうべきものだ。

　山田先生の九州大谷短期大学での最後の授業は２月10日。まさにその特徴ともいうべきアフターミーティングだった。１年生の保育実習、２週間を終えて帰ってきたばかりの学生たちは、たくさんの質問や疑問を胸に、教室に集まっていた。

山田】じゃあ、最後のアフターミーティング始めますね。学籍番号と名前を言ってから質問をどうぞ。

（1）いじめ

A】実習で５歳児を受け持たせていただきました。そのクラスでいじめがあって、無視したり、目を合わせただけで嫌な顔したりといじめがあって、そういう時って保育者としての対応はどうしたらいいでしょうか。

原】受け持つというのはおかしいね。実習させて頂いたということだね。

山田】いじめと一言で済ませてしまわずに、もうちょっと具体的に言ってくれる？　例えば、その子がこんなことをした時、周りの子がこんなことをするとか……。あなたが見たことを話して。

A】いじめは先生が話しただけであって、私は実際にその場にいたわけではありません。

山田】あなたは見ていないのね。じゃあ何を質問したいのかな？

原】実習園の先生はどういうふうにおっしゃっていたんですか？

A】先生が「いじめがあってます」みたいな感じで、朝の会の時に子どもたちみんなに話していました。そして「○○君がいじめられたらどう思う？」と子どもに問いかけていました。子どもたちはみんな「悲しい」とか、「いや」とか言っていました。

山田】それは先生の「お話」としてではなくて、実際にそのクラスの中に誰か訴える子がいて、先生はその話をしたっていうことなの？

A】はい。

山田】あなたはその現場、あるいは、その子はわからないわけね。

A】わからないです。

山田】つまり、実習生には気づかない、見えない程度の無視だったり、嫌な顔だったりなんだけれども、子ども自身から何らかの訴えがあったんだろう……ということですね。それにどう対応したらいいかという質問だとし

たら、あなたが心して子どもたちを見るなかで気づくしかないと思いますね。いじめって、みんなの前で、「こういうことはいけません」と言って消えるものじゃないでしょう？　これはもうすでに起こっていることなら、このような注意の仕方では保育者や教師の自己満足に過ぎない場合が多いです。やっぱり子どもたちの様子を細かく配慮して見ているなかで、具体的に気づいたら、それに対してどうするかは見えてきますが、みんなの前で注意するだけでは解決しないですね。

　それと皆さん今聞いて分かられたように、年長児になると「いじめ」という現象は起こります。3歳の時はまだ自分を主張する時期ですから、自分しか見えていないといえる歳です。それが3歳児の発達ですからね。ところが、4歳児になってくると周りの様子や人が見えてきます。周りの人と自分の関係、自分と周りの子との関係、自分の方が上だとか、自分の方がちょっと負けているなあという関係性が見えてくるのが4歳児です。関係性が見えてくるということは、同時にいじめが起こる危険性があるということを考慮しておいてください。4歳児では仲のいい子が決まってきます。この子とは気が合う、この子と遊ぶと面白いということがわかる反面、この子は何か自分より弱そうだ、この子には従っておいた方がいいという関係が見えてくるので、同時にいじめが起こってきます。

　だから、年中の時に皆さんがどんなふうに子どもたちの人間関係を細かく見て、いじめが起こらないような対策をとるかということが極めて重要になってきます。そういう対応を年中の時にしていないと、年長になると先生から隠れてのいじめが起こったりします。

　つまり、今の質問の子どもたちは年長児よね。となると、その子たちの年中の時の担任が、どのくらいそういう子どもたちの関係つくりに配慮していたかということを知りたいですね。

（2）「作って」「描いて」に対して

B》実習をさせていただいた時に、室内遊びをしていたんですが、1人の子が私に「ロボットを作って」と言ってきたので、作ってあげました。そうしたら、違う子が「作って」と言ってきました。すると次々に「作って」「作って」と言われてきて……。

山田》ロボットを作るって、どんなのを作ったの？

B》頭があって、こんなになってて……。

山田》ひょっとしたら、その子が思っていたロボットは犬型だったかもしれませんよね。怪獣型かもしれないよ。つまり、「ロボットを作って」と言われた時、その子が求めているロボットの形とあなたが作ったロボットの形は、一緒ではないかもしれません。だとしたら、「○○作って〜」と言われた時どうしたらいいかというと、「えー？どんなのかなあ？」と聞き返したらいいんです。「頭はどんな大きさで、どんな形の？」とたずねて、聞いてきた子どものなかにあるイメージを引き出すことの方が、あなたが作ってやるよりもずっと大切なことです。「あっ、すごく難しそう。手伝って？」とか言って、その子自身が作れるようになる援助をすることが保育者の役割であって、作ってあげることが保育者の役割ではありません。

　「作って」と言われた時のあなたの対応の

中に、"あなたが保育者として何を子どもたちに返していくのか"、"子どもたちの何を伸ばしたくてそういう返し方をするのか"ということが現れてくるので、自分のしたことを見直してください。

原】何歳児？

B】4歳児です。

山田】子どもから頼まれると実習生は嬉しくなってね、すぐにやってあげるんだけれど、すぐに作ってやったりとか、「描いて」と言われるとすぐ描いてやったりすると、子どもたちが次から次へとずらーっと並んで、あなたが言ったようなことになります。だから、今回子どもたちがあなたに失敗を教えてくれたと思ったらいいですね。

（3）泣きながら叩いてきた

C】自由遊びの時間に年長の子がボールで遊べなかったのでいじけて、僕と目が合ったら走って来て僕をパンチしたり蹴ったり殴ってきたりしました。でも、殴ってきて泣いていたんですが、自分はどうしたらよかったですか。

原】その子がなぜあなたにパンチしてきたかわかりますか？　あなたが憎くてパンチしてるんじゃないよね。

C】でも、泣きながらパンチしてくるって何かなあと思って……。

原】その子には何か悔しいという気持ちがあって、あなたにそれを訴えたかったんでしょう。その気持ちを受けとめると考えれば、「そうかー、悔しかったねー」と言うことを含めて、あなたが壊れるわけではないので、叩かせてあげることも一つの方法です。

C】でも、こんな感じで泣いていたんですよ。そのうち、ふっと泣きやんでテレビの話を始めて……。

原】それはあなたにパンチをした後、座って泣いていたの？

C】叩きながら泣いていたので、抱いていました。

原】それで落ち着いたのではないですか？

山田】気持ちというのは変わるものです。受けとめてもらえたというと言葉がいいけど、あなたの体型からは吸い取ってもらった（笑）感じに近いと思うんですけど……。イライラした気持ちをボーンとぶつかっていったら、スポンジみたいなのがフニャーっと吸い取ってくれたから、その後は泣けたんじゃないかな？　ものすごく怒りが中にあると涙も出てこないでしょ。怒りが出せて吸収してもらえると今度は涙が出て、泣いたらスッキリするっていうことがあるでしょ？　泣き終わったら「あースッキリした。お腹すいたね何か食べようか」みたいなことってあるでしょ？　子どももそうだと思います。

　大事なことは、自分でそういうふうに怒りから立ち直っていくプロセスを自分の手に入れるということで、最後ケロッとした時、「あっ元気になったなあ、じゃあ遊んでおいで」「自分で元気になれるその子ってすごいなあ」とあなたが思ってやること、それが一番大事だと思う。

（4）子どもの宝物

D】4歳児で実習させていただきました。雪が降っていて、外遊びからお部屋に入ってきました。自分たちの教室に入って、他のクラスはリズムやっていたので、自分たちは着替えて別の部屋で先生が絵本を読むことに

なりました。Eくんは、濡れた上着や手袋をロッカーから出して干すように言われてそうしていましたが、ロッカーを見ると外から雪を持ってきていて、Eくんはそれをお皿に入れて自分のロッカーに入れていました。中の温度は高くて、お皿も底が薄くてこぼれそうでした。僕は、溶けたらそのロッカーにしまってある服が濡れると思ったので、先生に聞きに行きました。先生が「片付けておいて」と言われたので、僕はお皿ごと片付けました。

でも、その後その子が帰ってきてロッカーを見たら「ない！」となって、「誰が片付けたん？」と子どもたち同士で「お前取った？」とか言い出したので、「ああ、僕が取ったよ」と言ったら、「お兄ちゃん、何しよっと？」と言われてしまいました（笑）どうしたらよかったんですか。

山田】「僕が取ったよ」と正直に言ったことはすごく良かったと思います。で、「お兄ちゃん何しよっと？」と言われますよね。その時に「こぼれると思ったからね。Eくんに聞かずに慌てて取ってしまった」とちゃんと謝る。それでいいと思います。

そこで実習生とか保育者として、正解を求めるのではなく、正直に一緒に考える姿勢が大事です。私だったら取ってしまわないで、水がこぼれないくらいに減らして、少し水がある皿を戻しておいたかもしれないけれど、それだと「あぁー、溶けとったねー」と言って共有してもよかった。

でも、「お皿がない！」という事態になったら、それはそれで子どもたちが「兄ちゃんもそんなことするんや」「面白いなこの兄ちゃん」「友だちやなあ」と思って遊んでくれればいいわけです。保育は関係性であっ て、正解があるわけではありません。関係が深まれば、その先が見えてきます。

原】 山田先生は「ちょっと服が濡れないように水を減らして」とおっしゃいましたが、私は少々被害があった方が面白いなあと思うので、そのままにしておくかなと思いますね。このへんは保育士の感性になってきますので、面白いと思います。

（5）跳びつかれて

F】 3・4・5歳児で実習させていただいた時、外で女の子と遊んでいたら、後ろから5歳の男の子が跳びついてきました。1人が抱きついたあと2〜3人で跳びついてきたので、バランスがとれなくなり倒れそうになったのですが、やめてくれませんでした。

近くにいた保育士さんが来てくれて、「自分の気持ちをちゃんと言った方がいいよ」と言われたので、「痛いからやめてね」と言ったんですが、「だって先生好きやもん」と言われて、やめてくれないんです。

山田】 わぁ、殺し文句やね〜。

F】「好きならちょっと痛いからやめて」と言ったけれど、その子はずっとやめてくれなくて、場所を変えても追いかけてきて、何と言ったらやめてくれるかと困ったんですけど……。

山田】 その状況で、危なくなく、やめてもらわなくても、あなたが受けとめられる方法は何かありましたか？　例えば、あなたがマットの上にドカッと座って、"さあ来い"みたいな状況を作れましたか？

F】 外にいたので、無理でした。

山田】 つまり、あなたの中には「何とかやめさせたい」「やめてほしい」という選択肢しか

なかったわけですね。それは変更を相手に求めていることで、私は「あなたの方に変更の余地はありましたか？」ということを聞いているの。

あなたが今女の子と遊んでいたということだけど、その女の子たちは今あなたがその子たちと遊び続けないとパニックになりそうな女の子たちですか？　もしそうであれば、「今はこの子と遊ばないといけないから、できないよ」と言うところだろうけれど、そうでなければ、それだけの殺し文句を言われたならば、「ヨッシャー！そんなに好きなのー。どうしようかなー」とか言いながら、危なくないように「こっちも転んでもいいように、ちょっとここをこうするまで待ってね」とか言って、「ヨッシャーおいでー」とポーンと抱きしめてあげることも必要かなと思うのね。

おそらく、その跳びかかってくるその子は、それが必要なんだよ。何か自分がこの人好きだなあという人に跳びついても、その人が逃げないで嫌がらないでちゃんと抱きとめてくれるという体験がちょっと必要な子だと思います。だから、それをどのくらい自分のキャパシティとしてできるかということも同時に考えながら、どっちをとるかだと思うのよ。

あなたは今、とにかくやめさせたい、どうしたらやめてくれるだろうかと、こっちだけなので、ちょっと自分を変える可能性も考えてみてください。

原】君が女の子と一緒に遊んでいる姿を見て、「僕も遊びたい」と思ったんだよな。「お姉ちゃん好きなんだよー」と言ってくれている子どもを振らないで、うまくそのへんを受けとめてやってほしいな。

（6）子どもの作品への評価

G】実習をさせてもらった時、ブロック遊びでピストルを男の子が作って「小さいブロックさんで作ったよ」と最初に私の所に来て、私は「すごいねえ」と言いました。そのあと先生に見せに行ったら、先生が「ちっちゃいじゃん、もっと大きいの作りなよ」と言いました。でも、その子はニコニコしながら作り直して、それからまたその男の子が見せに来てくれた時、何と言っていいかわからなくて……。私はずっとその先生の言葉が引っかかっていて、「あっ持ってきてくれたんだねえ」としか言えなかったんですけど……。

山田】大きくしてまた持ってきたわけね？　あなたはその子が大きく作り直した時、その子はどのくらい満足していると感じたの？

G】何かそういう大きいとかじゃないのにと思って……。

山田】大きさじゃないと思っていたから、何と言っていいかわからなくなったのね。確かに、そこで先生が大きくするように言ったからって、あなたはそれを褒めたくない気持ちなんだよね。

G】はい。

山田】大きさをそこで言う必要は多分ないと思うよ。「あっ、もう一つ作ったんだねえ」でいいんじゃない？「こっちもカッコイイね」とかでもいい。さっきとは違うものであって、さっきのがダメだったのではないということをあなたは伝えたいんでしょ？　もし、「先生に言われて作ったようにしたけど、これでいいかなあ」という表情を感じるようだったら、「私はさっきのも素敵だと思ったけどな」と、そっちをグッと強調して言ってもよかったかなとは思います。だから、その子の表

情によるのよね。先生に言われたからちょっと大きいのを作った。で、やっぱりこっちの方がこの先生も褒めるんかなあというような表情だったら、それにあんまり乗らない方がいいかもしれない。

G】結構ウキウキな感じだったんですけれど。

山田】じゃあ「二つ目作った。すごいなあ」というのでいいんじゃない。さっきのが小さかったから大きくしたのではなくて、二つ作ったんだね、もう一つ作ったんだねというコメントにする。

G】一つ目をさらに大きくしてなんですけど。

山田】それはわかっているよ。でも、あなたはその価値観に乗りたくない気持ちなんでしょ？ だから、あえてさっきのがダメで大きくしたのではない、別のものを作ったんだという認識であなたが受けとめてあげたらいいかなっていうこと。あなたが、子どもがウキウキして見せに来た時に、「もっと大きく」と言った先生の言葉を受け入れたくないのなら、こういう受けとめ方もあるというわけです。

G】あ、わかりました。

（7）甘やかす？

H】4歳児で実習をさせていただきました。雪が少し積もっていた日、先生が「雪で遊ぼう」と言って、「手袋持ってきている人は、手袋して」と言いました。私は手袋をしていましたが、女の子の2人が持ってきてなくて、そのうちに「冷たい」と言って泣き始めました。男の子も何人かつけてなかったけれど、その子たちは「冷たい」と言いながらも遊んでいました。女の子2人が泣いていたので、私はその子たちを手でこすって温めてあげました。そうしたら、先生が「甘やかさないで、放っといていいよ」と言われ、「昨日持ってくるように言ったよね！」と園児に聞いたんです。すると、2人はもっと泣いて、みんなはそれを無視して遊んでいました。

　私はどうしていいかわからなくて、どこまでが甘やかすことなのか。先生はすぐに「甘やかさないで」と言ったので、私がしたちょっとのことで、「実習生が来ると甘えるから甘やかさんでいい」みたいな感じで言われたので、私としては「えっ？」と思うようなことが多かったんですけど……。

山田】あなたは何を質問したいの？

H】甘やかすというのはどこまでが甘やかすことなのか……。

原】今聞いていると、園批判をしているように聞こえるぞ……？！

H】「甘やかさんで」とすぐ言われるんです。ちょっと、冷たくなった手を温めていただけで……。

山田】そこはわかった。で、Hは質問したいことをちゃんと最後まで言ってごらん。

H】どこまで甘やかしてよかったのか。

山田】あなたが聞きたいのは、「どこまでが必要なことで、どこから先は必要以上なんでしょうか？」ということでしょう。あなたは甘やかしたと思ってないのよね。

H】はい。

山田】その子たちにとって必要な守りであったり、安心であったりするならば、それは自分は与えたいことなんだけれど、それを必要以上の甘やかしだと言われてしまうので、自分のしたことはいけなかったんでしょうかと聞きたいんよね。

H】はい。

山田】で、あなたは自分のしたことをいけない

とは思ってないね。

H】思わなかったですよ。

山田】この園の問題は、皆さん聞いていて感じたと思いますが、園の対応を批判するのはこの授業の目的ではないのでそれはしません。皆さんのしたことが「甘やかし」と言われた時、それをし続けるかやめるかということについて考えてみましょう。

もちろん、その時その時だと思いますが、あなたたちの中で何を考えなければいけないかというと、その子にとって今その行為が必要かということです。その子は自分でリカバーできるのに、あなたたちが手を出してやってしまっているとしたらそれは甘やかしですね。でも、その子がもう手が冷たくて自分の手を一生懸命こすったところでもう温まらないとか、そういう状態で泣きだしているとしたら、そのあなたの温めるという行為は甘やかしとは言えないわけです。

何か他の子と違う、その子たちだけを特別優遇しているように見えることもあるかもしれません。その子のタオルとかを持ってきて手をくるんでやって、少し温まるまでじっとしておくというのもいいかもしれません。何らかの手を温める手段をあなたが提案するということもあったのかもしれないけれど、あなたはあなたの手袋をしている温かい手でこすってやったのね。もっと子どもの自主性を育てるという視点で考えて、他の手段はなかったかと反省することは可能でしょうね。

でも、その子たちの手が本当に凍えるような冷たさで、気持ちも悲しくなって泣きだしてしまっているという状態だったら、タオルでなくあなたの手で温めることが、その子の心にとっては必要だったかもしれないよね。

なのに、あなたの行為に「甘やかさないで」と言われた時に、あなたがカチンとひっかかったわけよね。そりゃあカチンとくるわ。でも、せっかくカチンときたんだから「この先生おかしい！」と怒るだけではなくて、「私がしたこと以外の方法はなかったのかな」と考えることがあなたの器を広げると思います。

とにかく、その子たちの悲しさとか、何かみじめな気持ち。「何か私だけがみじめやなあー」とか、「持って来てと言ったでしょ」と言われても、「そんなこと聞いてない」と言いたいような気持ちになっちゃっているその子の心を何とかしてやりたいなとあなたが思ったのはわかります。ただ、あなたがその子たちの手をずーっとこすってやるということは、あなたが他のことができないということであるし、他の子が目に入らないということでもあるわけです。先生としたら、「そんなにいつまでもその子ばっかり関わってないで！」と言いたい部分もあったのかもしれないなと思います。別の方法もアイデアとしては考えてください。

原】みんながみんなということではないと思いますが、保育士の中には君たちが納得できないことをする人がいるかもしれません。それを批判するのではなく、自分は保育士になったらそういうことはしないぞという気持ちにつなげておくことやね。

山田】実習生はどうしても優しさが前に出ちゃうので、その子に不必要なほど手を出しちゃうということはありうるのです。「それしないで」と言われることはあるので、そこからは学んでください。その瞬間にこの子に必要なことって、一体どこまでだったんだろうかということを、そこで勉強したらいいと思

います。

　それから、子どもの年齢によっても甘やかしのラインは当然違いますよね。だから、ちゃんと発達をおさえてほしいの。例えば、0歳の子が泣いている時に「すぐ抱き上げないでしばらく泣かせておいた方が呼吸器が強くなる」と言う保育者もいますが、泣かせて育てた子と泣かせなかった子との呼吸器の比較なんてデータも科学的根拠もありません。むしろ、0歳児の基本的な愛着形成の時期に「泣いても誰も助けに来てくれない」という体験をさせることが、愛着形成を妨げることへの警告は多く発せられています。泣いても放っておくのはネグレクトよね。呼吸器を育てたいなら歩けるようになってから、しっかり歩かせて有酸素運動をさせる方がよほど効果的ですよね。みなさんはプロとしてそういう根拠のないネグレクトをしないように心にとめておいてくださいね。

(8) 鬼ごっこ

I】外遊びで5歳児の4人と鬼ごっこをしていた時、私が子どもにタッチして、その子が鬼になるとまたその子はお友だちではなくて、ずっと私を追いかけるんです。さらに、私が鬼になって他の子にタッチすると、またその子も私にタッチして……としていたら、その中のJ男が「先生ばっかりタッチしたら面白くないよ」と言いだしました。そしたら、K男が「先生が鬼じゃないと面白くない」と言うんです。すると、L男が「みんなに当たらないと面白くないよ」と言ってきました。私も「みんなと鬼ごっこしているから、みんな近くにいる人とか、お友だちとかにもタッチしようね」と言ったら、最初に「面白くない」と言ったJ男が、「大人は足が速いんだから、大人がいるなら大人が鬼の方が面白い」と言いました。すると、K男もL男も「やっぱり大人の方が足が速いし面白いのは確かだ」と思っているらしくて、言い返す言葉がなくなりウーンとなってしまいました。

　私はどうしたらいいか迷ってしまい、近くに実習生がいたので、「あのお姉ちゃん誘って、私とお姉ちゃんと2つの組みにわかれて鬼ごっこしようよ」と言いました。それで子どもは納得したみたいですが、そういう私の提案はよかったのか、子どもたちに任せて決まるまで待っていた方がよかったのか、どっちがよかったですか。

山田】5歳だったら基本的には子どもたちが討論するのをあなたが面白がって、「ああそう。ああそれも正しい」「それもあるよねえ」「うわあー、みんなものすごい。よく考えるねえ」と言って待っていた方がいいですね。この子たちの言い分、結構凄いでしょ？　どうしたらいいかと工夫を考える子どもたちの力って凄いです。それを育てるのが保育で、鬼ごっこするのが保育ってわけではないからね。

　だから、あなたがもっと面白がって、「えー？　答が出ない。どうしたらいいんだろう」と困らないで、「ああ、5歳児はこんなに理屈がちゃんと通るんだ。凄いなあー」とか思いながら聞いていたら、もうちょっと楽しかったかなーとは思います。

　この言い分はどっちも正しいよね。だけど、みんなに当てなければ面白くないという子は、やっぱり自分も鬼になって追いかける快感を体験したいわけです。たくさんの子

が鬼になる快感を体験したいのならば、鬼が段々と増えていく鬼ごっこでもいいわけです。タッチしても逃げる方に代わらない。タッチされたら鬼になり、そのタッチした子も鬼のまま段々鬼が増えていく鬼ごっこもあるよね。いろいろな工夫はあるわけです。だから、あなたの中にいろんな工夫はおいて、「ああそうよねえ。でも、みんなも鬼をやりたい、どうしたらいいだろうねえ」と投げかけながら答が出てくるのを待つということが大切です。

そういう時あなたの中に答が一つしかないと、とっても押しつけになってしまいます。だから、いろんな鬼ごっこをあなた自身が知っていることが大切です。でも、5歳児だったら子どもたちに解決を見つけさせてほしいなと思います。

（9）グレーゾーンの子ども

M】5歳児で実習させていただきました。5歳児の中に一人「障がいがあるかなー？」と思える子がいて、先生に「この子自閉傾向とか、知的障がいがあるんですか」と聞いたら、「そんなのない」とおっしゃいましたが、視線が合わないし、じっと座っていられません。先生がお話をする時も聞いてなくて、先生が「明日雪やけん手袋持って来てね」と話をした時、先生に喋り出したりするんです。その子をみんながからかうように後ろから叩いたりとかしていました。実習生が男の子の所まで行って、「やめろ」と注意していた所にその子が走ってきてその男の子をグーで殴るんです。ビックリして「ダメよ」とその子をおさえたら、今度はその子が男の子に向かって「ダメよ、ダメよ」と言いながら殴っているんですよ。その時自分はどうしたらよかったのでしょうか。

山田】その先生が、本当にその子に課題がないと思っているのかどうかはわからないですね。実習生に言わないだけだと思うけどね。

原】障がい、いわゆるグレーゾーンですね。今の話を聞いていて、明確な認定を受けてない子どもに対して、「あの子は問題がある」ということについては、実習生には守秘義務がありますから、それを外で言うことはないはずなんですが……、園としては言わないだろうと思います。

山田】あなたは気がついたんでしょ「あれっ？」て。その時に「何か知的障がいとかありますか」という聞き方は何も生みだしません。そういうふうに聞かれた時には「いや特に」と言わざるをえないです。グレーゾーンならなおさら。それに、あなたは診断名を聞いてどうするの？

それよりも、実習生はその子にどう関わったらいいかを知りたいわけだから、「何か目が合わない気がするし、場にそぐわないような発言が多いような気がするのですが、実習生の僕はそういう時どうしたらいいんでしょうか？」と聞けばいいのです。そしたら「そういう時は放っておいてあげて」とか、「そういう時は傍にいてとめてやってね」とか言ってくれます。「友だちを叩くにしてもグーで叩くんですけど、僕はどうしたらいいでしょうか」と聞くの。あくまでも保育者というのは実践者ですから、実践の中で気づいた具体的なこと対して自分はどうしたらいいかということを聞けば、それにはちゃんと担任は（うちの卒業生ですから、そのくらいはちゃんとわかっていますから）アドバイスをしてくれると思います。

でも、障がい児かどうかという質問に対して、本学の卒業生なら、保育者は診断をする立場ではないということもわかっていますから、言わないと思いますね。

もう一つ「グーで殴っている時に僕どうしたらよかったですか」ということですが、それは『羽交い絞めでとめろ』ということを私はよく言います。後ろからグーッと全身を抱えてちょっと力を入れて「それはダメ。グーで叩くのは僕は放っておけないよ」という形で阻止する。

M】一回手を押さえたんです。そしたら今度は足で蹴りだして……。

原】手だけを押さえればいいわけではなくて、山田先生のおっしゃっているのは後ろから全身をです。

山田】つまり、「僕はあなたの怒りとかどうにもならない気持ちを受けとめるよ」ということも伝えながらなの。だから、「抱き締めろ」と言っているの。そこが伝わらなければその子の混乱した気持ちは、行動を阻止されたら他の出口を求めるしかないわけです。

それとね、子ども自身もその怒りや落ちつきのなさの気持ちを、どうしていいかわからないのです。身体の中で突っ走っているエネルギーをこちらが受けとめるには、手を押さえるくらいでは間に合いません。こっちも身体を張る位の力で、怒りや悲しみやもどかしさをわかってやりながら、行動自体を阻止するということです。

（10）寝かしつかせ

N】2歳児を実習している時のことですが、昼寝の時にトントンしたり、体をさすったりして寝かしつけていました。でも、なかなか寝てくれなくて、結果的には先生に代わっていただき、眠らせることができました。その後に先生に聞いてみると、その子は家庭で起きるのが遅くて、ぎりぎりまで寝ているということでした。その子は活発に動いたりとかまだできない子で、あまり疲れないからいつも寝ないというのを聞きました。

そういう時は家庭の事情には突っ込めないから仕方ないというのと、寝ないとはいっても後の活動に影響が出ると思ったので、その時は納得しました。でも考えてみると、その子は寝ないからといって、周りの眠りの邪魔をしたり、騒いだり、他の子にちょっかいを出したりする子ではないから、無理に寝かしつける必要があったのかなと思って……。それと、体をさすったりトントンしたりすることの意味を教えてください。

原】生活リズムの乱れというのは、今保育園の子どもたちの中でものすごく大きな問題です。この子が朝起きるのが遅いということは、きっと寝るのが遅いからです。原因としては、"メディア（幼児ならテレビやゲーム）に夜接していないか？"と"午後の活動が足らないのではないか？"という二つが考えられます。

山田】あなたは今、「家庭のことには突っ込めない」と言ったけど、それは寝かすとか起こすというそのことだけを言っていると思うのね。でも、眠くなる状態を作ると考えたら、午後の保育をどれだけ充実した、身体を使うものにするかということは園でもできることです。私や原先生が関わっている園では、昼食を少し早めにして１２時にはお昼寝開始、２時過ぎに起こして３時までにおやつを食べ終わって、３時から４時過ぎまではしっかり計画された午後の保育を展開する

ようにしたら、夜早く寝るようになって翌日早く起きるようになった例もたくさんあります。

　よく考えてみると、園の生活の午後は、お昼を食べて、お昼寝して、起きたらおやつ食べてと、疲れをとってエネルギー補給ばかりで、遊びは帰りの用意をした後の細切れ遊びになっているところもありますね。結構そういうところ見ませんか？　中には夕方の居残り時間はテレビやビデオを見せている園さえあります。それではその後に家に帰って、テレビを見ながら少し遊んだ後また夕食でエネルギー補給ですから、エネルギーを消費していないですから、なかなか寝ないのは当たり前よね。

　園での午後の保育は、全身運動を中心にしてしっかりした計画をすることが、家に帰ってからの子どもの生活リズムを健全にするために必要だと思っています。

原】それともう一つはトントンと、さするということについては、"あなたは一人ではないよ。私がここにいるよ"というメッセージが大事だということです。

　もう一つさするということに関しては、子どもによって安定する場所が違います。頭を触って頭に手を置いてあげると安心して寝る子、耳たぶを触ってあげたら寝る子、背中をかいてもらう子もいますね。それから、私は子どものおヘソの上に軽く手を置いて、軽く揺さぶってやる。それをやってあげると寝る子が多いです。寝かせるテクニックを身に付けること。得意な寝かせ方を持っていることは保育者にとって大事なことです。

　なお、寝かせるテクニックでもっと大事なものはなんでしょうか。眠たくなるために必要なことはなんでしょうか。もちろん遊びもあって、体が疲れることは大事なことですが、眠りに入るための入眠環境として必要なことは何だと思いますか？

会場から】暗くする。

原】暗くすることもありますけれど。

会場から】子守唄。

原】そう、子守唄です。君たちが子守唄をどれだけ知っているか。しかも、眠れるような優しい声で歌えるかです。ちなみに僕が歌うと寝ます。なぜかと言うと、私は男性の中では歌う時の声が高いです。（ここで実際に歌う♪）ね？　男性の高い声と女性の低い声が寝やすいみたいです。だから、子守唄とかを語りかけながら、"私はここにいるからね安心して眠っていいんだよ"ということをいかにメッセージとして伝えられるか、それが寝かせ方だと思ってください。

山田】子守唄も子どもの身体のリズムに合うものは子どもによってそれぞれ違うと思ってください。うちは３人に子どもそれぞれ、眠る曲のビートが違っていました。その子に合うリズムを見つけてやろうとする保育者の感性というか、相手に寄り添う気持ちを持ってくれることが安心感につながるでしょうね。

（11）次々と抱っこ

O】年中クラスで実習をさせていただいた時に、４歳の男の子が跳びついてきて、「お姉ちゃん先生、抱っこして」と言って来ました。「じゃあ、のぼっておいで」と言って構えて手を引いてあげてのぼるのを手伝ってあげました。それで抱きついてきたので「できたねえ」と言ってよしよしをしていたら、他の子どもたちがやってきて「私も抱っこしてよ」

第一章　最終授業アフターミーティング・ライブ

「僕も抱っこして」と次々とやってきました。「じゃあ、みんな抱っこしてあげるから待っててねー」と一人ずつしてあげていたら、待っている子の中で「もう！○○君まだ抱っこされてない」とか、「私まだされてないのに、また□□ちゃん抱っこしてもらってる！」とか、もみくちゃ状態になってしまいました。

その時はそのまま他の遊びに移りましたが、次の日にそのことを反省して「順番守ってね」ということと、「抱っこしてあげたら一回その場でぐるっと回ったら降りてネ」というルールを約束してもらったら、守ってくれるようになりました。「やったあー」と思っていたら、前の日最初に跳びついてきた子だけはなかなか離れてくれなくて、他の子が「またこの子がずっと抱っこされてもらってる」と、ずっと文句を言うようになってしまいました。その子もずっと離れたがらなくて、「あと一回ね。あの子が待ってるよ。順番守ってね」と言っても、ずーっと離れなくて……。そういう時はどういう言葉かけをしたらよかったのでしょうか。

山田】やっぱり最初にやってきた子というのは、その子の中にそもそもそのニーズがあるということよね。つまり、他の子はやってもらっているのを見て刺激を受けて、あっ面白そうだな、楽しそうだなとか、何かいいなーというので来たわけだけれど、最初にそう言ってきた子というのは、その子の中にそうしてもらうことへの飢餓感というか、欠落感があるわけです。それを埋めたいという気持ちがあって、それをあなたに言って来ているので、他の子とニーズのレベルが全然違うんだろうなと思います。

具体的にやったあなたの工夫はとてもいいんだけれど、その子はそういうルールが守れないくらい心の中の空っぽさがあるんだということはわかっておいてあげてください。それは、その時間ではないところでどう埋めるかです。抱くことだけで埋まるわけではないので、その子は、抱かれるということではなかなか埋まらないということを、2日間かけてあなたに見せてくれたということです。なかなか離れないということでね。そしたら、この子が本当に安心して充たされるには、抱っこするというレベルでは無理だと考えて、担任ではないからそこから先は難しいけれども、"その子と一対一の自由時間でどんなことをしたら、この子の中に抱っこしてもらうことを遥かに超える安心感と充たされ感というのを作り出せるかな？"ということを考えなければいけない。だから、その順番に抱っこする云々のレベルではもう無理だと思います。

原】工夫を学びにつなげてください、「一回回ったら降りてね」というルールを子どもとするところは、実習生としては見事です。それは、抱っこという一つのことに関して終了をきちんと作ったということです。私は肩車までしてとかでしたが、終わりをちゃんと明確にするということで、さっきの一回回ったら終わりということはとても良いと思います。

（12）パンツをはかないで遊ぶ

P】0歳児のクラスで実習をさせていただきました。トイレ行った後とかにパンツはかないで遊んでいる子どもがいました。先生たちも「○○君パンツはいてね！」と言っていますが、その子は遊んでいました。何回言っても聞かないので、先生が「鬼さん来るよ！」と言って、鬼の絵を描いた段ボールをかぶっ

21

て、「ワアー」と言いながら追いかけるんです。子どもはそれが怖いので泣きました。パンツをはくより怖くて泣く方が強いわけで、それって脅しですか？

山田】それは方法としては脅しだと思います。でも、Pだったら、パンツをはかないで遊んでいる子に対してどんな工夫をしますか？「鬼が来るよ」と脅すのをやめようと思ったところで、じゃあどうしますか？

P】自分がしたことは、私がはかせようとした時、ズボンの先を見ていると足がぱっと出てくるので、その時に私が「バア！」と言ったら、ニコッと笑うんですよ。これをやったらはいてくれるかなあと思って、すそがしまっているズボンだったので、ちょっと足を浮かして出た瞬間に「ばあ！」と言うようにしたらはくんです。上着も「バアッ！」と言いながら着せてました。

山田】ちゃんとやっていたんじゃない！　それでいいですよ。良い工夫だと思います。洋服を着るということは「早く着なさい！」と言って着せるものではないんです。特に被るものは前が見えなくなるので、それが不安だと思っちゃうととっても嫌がる子がいたりします。だから、見えなくなることが楽しいことだと、今言ったように顔が出た瞬間に「バアーッ」と言ってもらったり、「お手々出るかな、出るかな？　トンネル真っ暗だね。お手々さん暗いね、暗いね。どっちが明るいかな〜？」と手が出る時に声をかけてあげるとか、「あんよさん、今迷子になってるね。どこ行っちゃったのかな〜？」とか言ってあげるとか、ファンタジックな世界の中で洋服を着るとかズボンをはくということを、子どもにとって楽しいものにしてあげてほしいなあと思います。

昔ねえ、NHKの番組で「パパッパ　パ・パ・パ　ジャマジャマ……」とパジャマを着る子どもの映像と歌がありました。あの時代はみんなパジャマを着る時に♪パパッパ　パ・パ・パ♪と歌いながらパジャマを着ました。「歌わないとパジャマを着れないのかい（笑）」というくらいみんなパジャマの歌を歌いながらね。そんな時はもう口から出まかせの作り歌でいいから、子どもたちが楽しくパジャマが着られたり、楽しくパンツがはけたり、というようなことを保育士はどんどんどんどん保育の中で作りだしていってほしいと思います。

脅されなくてできる方が子どもも楽しいです。脅されてしたことは子どもは自らしたことではないので、辛いです。やっぱり自らしたいと思ってするという方がエネルギーも出るし、そういう人間に育てたいと思ったら、自らしたいという気持ちを刺激するような保育を常に考えてほしいなと思います。

(13) 仲間はずれ

Q】5歳児で部屋で遊んでいた時に男の子のRくんが泣いていて、「どうしたの」と聞くと、「S君が入れてくれなかった」と言ったので、そのグループで遊んでいる男の子に「どうして入れてあげないの？」と言うと、「Rくんはすぐに喧嘩するからイヤア！」と言ってそのまま遊びに行ってしまいました。泣いていたRくんはそのまま泣いていて、他の子どもたちは外に行ってしまいました。そういう時どうすればよかったですか？

山田】子ども同士のグループで遊んでいる時に、入れるか入れないかというのは子どもたちの選択なんだよね。それを「入れてやり

第一章　最終授業アフターミーティング・ライブ

なさい」と保育者が命令することは、子どもの発達にとって必ずしもよくありません。これからの人生の中でうまく入れてもらえないということはあるわけよね。その時にすねてその場を去っていくようなことは、多分これからもいろいろあると思います。

　大事なことは、その時どうフォローしたらいいかではなくて、そのグシュッとなった気持ちをその子がどんなふうにリカバーしていくかを、あなたがちゃんと見守り続けることだと思います。どんなふうにふてくされながら、どんなものに八つ当たりしながら、どんなふうにその子は次の笑顔が出るまでを過ごしていくんだろうという子どもの心の動きのプロセスを、保育者はちゃんと見てほしいです。

　そして、その子が時々「何かあのお姉ちゃんずっと僕のこと見ているけど……」ということに気がついたら、「ちゃんと見ているよ。今ちょっと嫌な気持ちになっているよね」という目配せとかのメッセージを送りながら、その子が「あっ、これ面白そうだ」「オオ、ヤッタァ、面白い！」と何かを見つけて、気持ちがフッと戻った瞬間に「やったね！」とサインを送ってあげてほしいです。みなさんもグシュッとなることってあるわけじゃない？でもグシュッとなった時に、焼けのやんぱちになってそのまま崩れちゃうのか、あるいは、それを何かいろんな好きな歌とか聞いて何となく気持ちを取り戻して「まあ明日があるさ」というふうになれるか、そこが大事なわけでしょ。

　慰められて、ちやほやされて立ち直るのではなくて、自分で自分の気持ちをリカバーして、気持ちを切り替える力を子どもも持ってほしいわけです。ただね、一人でそれを

やれというのはとっても子どもにとっても辛いし、そこを誰も見てくれていないと見捨てられ体験になりかねないので、そこを見守ってやってということです。

（14）実習生のやるべきことは

T】実習中に掃除の時間がありました。僕は掃除だから綺麗にしなければという気持ちがあって、丁寧に掃除をしていたら、5歳児の子が来て「手伝う」と言ったので、「ありがとう」と言って見ていたら、違う方向に掃いていくんですよ。僕はゴミをこっちに集めたいのに逆に掃いていく。最初は放ったらかしとこうと思っていたけれど、ずっとそっちにばかりに掃いていくので、「そっちじゃないよ、こっちー」と言ったら、かえってそれが面白かったらしくて、ずっとあっちこっちに掃いてまき散らしてしまいました。

　放ったらかしていたら、ゴミが園庭に散らかってしまい汚くなってしまうので、ほうきを取りあげたら、泣きだしてしまったんですよ。それまでずっと遊ばせておいて、もう十分遊んだろうと思ったからほうきを取りあげたのに泣き出したので、「何で泣きよると？」と聞いたら、「ほうき取りあげたやん！」みたいなことを言いました。僕もカチンときて「それは違うんじゃない？　邪魔してたやん！」と言ったんですけど、やっぱり違ってますか？

原】違いますねえ。

学生たち】爆笑。

山田】あなたに「なんで泣いてるの？」と聞かれて、「ほうき取りあげたけんや」と言ったその子は偉い！

T】言うこと聞かなかったんですよ〜？

23

山田】そうだけど、「何で泣きよると？」と聞かれたら、泣いている理由はほうきを取り上げたからよね？

T】僕は園庭を綺麗にしなければという気持ちがあるから、やっぱ。

山田】あなたにはそれはあるでしょうけどね。子どもにはその気持ちはないのよ。子どもはどういう気持ちだったと思う？

T】子どもは何か遊びたいんだろうけど……。でも、今は掃除して綺麗にしなければならないということをわかってほしいんですよ。

原】子どもが掃いていった方向にあなたも掃いていったらどうなります？

T】別の方向に行くけん。

山田】そこでゴミを取ればいいんじゃないの？

T】でも、捨てる所はこっちなので、わからんですかねー。

山田】あなたの、こっちに掃かなければダメというこだわりがわからない。

学生たち】大笑い。

T】砂を砂場の方に持っていくということです。

山田】あなたが持って行きたかったわけね。

T】でも、反対に掃いて行くけん、「そっちじゃないよ」と言っても聞かんから取りあげた。

原】あなたは掃除で何をしたかったの？

T】砂をなくしたかった。遊んだ後の砂が散らばっていて、「それを片づけて」と言われたから……。先生から言われたことはしとかんと、またあとで文句を言われるのが嫌ですから……。

学生たち】苦笑

T】しょうがないと思って、丁寧にしてたのにそれを邪魔してくるから、それはいかんと思ってほうきを取りあげてしまったんですけど、他にあったんですかね。解決方法……。

山田】そもそも、あなたが園の先生に「片づけて綺麗にして」と言われたので、それを遂行しようとした。それはわかります。だから、自分はちゃんとしたかった、綺麗にしたかった。それはわかります。でも、それは実習生としてのあなたのニーズであって、子どものニーズではないんだよね。子どもが「手伝う」と言いながら遊び始めた時に、あなたは"先生から見られる自分"というのにこだわって、子どもが今求めている"実習生の兄ちゃんという遊び相手"にはならなかったっということですよね。そこなんですよ。

T】どうしたらよかったのですか？　そのまま遊んでよかったんですかねー。

山田】選択肢としては両方あったわけです。あなたは実習生として"園の先生のお手伝いに行ったんだ"という自分のスタンスだったら、今やったように、子どもが泣こうと何しようと"俺は庭を綺麗にする"と掃除人に徹したらいいよ。

T】どういうことですか？

原】今あなたがやった行為は保育士としての行為ではなくて、掃除人としての行為でしかないということだよ。

山田】あなたは掃除のおじさんをしに行ったんだったら掃除をしたらいいよ。でもね、保育の実習に行ったのなら「子どもが求めているのは今何だ？」というところで考えるわけよ。先生からは「庭掃除してね」と言われたけれど、後で怒られるかもしれないけれども、怒られることも覚悟で子どもと遊んで、「あっ！すいませんでした」でいいと私たちはいつも言っているよね。子どもを泣かせてまで、あなたが掃除をしなければならなかった意味が私にはどうしてもわからない。

T】掃除をせんで遊べばよかったということで

第一章　最終授業アフターミーティング・ライブ

原】だって、子どもはあなたと関わりたがっているんだろう？

山田】だから、逆に掃いていった時に、例えば、具体的に言えば、子どもがゴミをポーンとした時に、あなたがそれを「ウオー」と言って拾って廻ればよかろうとまず思うんだよね。砂だったら、それをあなたがチリトリで砂を受けて砂場まで運んで何が悪いかと。なぜあなたがそこまで、子どもにこちらに掃けと強制しなければいけないのかがどうしてもわからない。

原】それともう一つは、子どもたちがこっちに掃こうとした時に、なぜあなたはこっちに掃いていきたいのに、向こうに掃くということに子どもが固執したかということも考えてほしい。兄ちゃんを困らせたい、兄ちゃんにこっちを向いてほしいという気持ちを、どう受けとめるかだよね。

山田】あなたの中に、「子どもが今俺がやろうとしていることと反対のことをやる。こいつら俺に逆らって」という自己中の気持ちが一杯で、「この子たちは何をしたいのかなあ」という興味が、あなたの中で動いてないんですよ。「邪魔している。俺に逆らって」というふうな認識しかあなたの中から伝わってこないのがとっても悲しい。

　だって、兄ちゃんがあっちに掃いていることがわかってないわけじゃないよね。「こっちに掃け」と何回も言われいてるんだもの……。それに敢えて逆らって、「この兄ちゃんどのくらい俺たちと遊んでくれるんだろうか」とあなたにアプローチしてきているのよ。保育者としてそのアプローチを受けとめてなくて、「何で俺の言うことをせんのや」というあなたの反応は、5歳児とあなたがもう対等ですよ。で、「俺の言うことを聞かないからほうきを取りあげた」はまるでヤクザ。あなたは子どもたちのために、何をしに行ったの？　あなたに逆らっているその子たちの今言いたいこと、あなたに伝えたいこと、あなたに出しているメッセージをどういうふうに受けとりましたか？

　あなたは「俺のメッセージをこいつら受け取らねえ」ということを得々と言っているわけさ、さっきから。じゃあ、あなたは受け取っていますか？　多分、全く受け取ってないんだよ。あなたのメッセージを受け取るために子どもたちはそこにいるんじゃないんだよ。その子たちの自分たちが伸びていく生活がそこにあって、そこにあなたは学びに行かせてもらっているわけだから、あなたに従わないというその子たちから、あなたが何を学んだのかが問題。

　Tはわからない人ではないと思うけれども、今すごく大きな壁のところにいると思います。それをちゃんと丁寧に乗り越えないと、あなたは保育者としてはとっても課題を持った保育者になってしまう危険性があるので、今ものすごくいいところにいるから、ちゃんと考えて乗り越えてほしいなと思います。

原】まだ質問の手があがっているけれど、時間ですね。山田先生の最後のスーパーバイズはこれで終わりです。君たちがラストですから君たちはラッキーだった。では、山田先生に感謝して拍手。

保育スーパービジョン・アフターミーティング

　　　　　　　　　　　九州大谷短期大学　准教授　　原 陽一郎

　「くっそー、オレは一体何者なんだ……」
　保育関係の研修会の帰り、自家用車の中で涙を流してそう叫びながら帰ったのは、一度や二度ではない。山田先生に声をかけていただいて、九州大谷短期大学へ念願の幼児教育学科の教員として就職したものの、現場経験があるとはいえたいしたものではなく、一方で「研究者」といえるほどの研究力も業績もないなかで、自分の存在意義が見えず、プレッシャーに押しつぶされそうであった。
　そんなある日、所属していたNPO法人子どもとメディアで、育児相談会を福岡市中央市民センターで開催することを知った。「何かできないだろうか？」そう考えて、アドバイザーとしてではなく、保護者が連れてくる子どもたちの相手をしたいと思い、小道具にシャボン玉を持って参加した。
　「子どもが表情がなくて、私たち(保護者)に興味がないように思うのですが……」という相談に、両親と2歳6ヶ月くらいの子どもが来訪した。両親は山田先生と面談、子どもは私が相手をすることになったのだが、もちろん子どもは警戒してなかなか寄ってきてくれない。5mほど離れた部屋の隅から視線を送りながら、子どもが動き出すのを待った。30分ほど経過しただろうか、そろそろどうかな？と思いつつシャボン玉を吹き始めると、こっちにやってきた。「やった！」と思い、その子とシャボン玉を割ったり吹いたりして遊び始めた。やがて、外を見たいと私に抱っこをせがむようになり、中央市民センターのホールまで散歩するまでになった。途中、あえて姿を隠すと、すぐに探しに来る。両親に興味がないようだという訴えであったが、生来の障がいというよりどうやらテレビの長時間視聴による関係性の問題であったようである。
　相談会が終了後、近くの喫茶店で昼食をとりながら反省会をしている時に、「あなたは、2時間かからずにセラピーを終わらせてしまったようね。『保育セラピー』とでも言ったらいいのかな？」と笑いながら山田先生に言われた。この言葉で、私は、自分ができることが見えたような気がした。

　それから3ヶ月ほどたった頃、山田先生から、「あなた、○日は予定ある？」と言われた。「いえ、特にはありませんが……」「じゃ、私と一緒に○○保育園に行って」「わかりました」。その時はそう答えたものの、何をしに行くのかわかっていなかっ

た。当日、お寺の一室に通され、食事と濃茶の接待。まだ何ができるかわからないのに、丁重な接待を受け、とても恐縮してしまった。

そして、保育士が集まっている部屋に通された。何が始まるのかな？と思っていたら、各クラスから子どもの状況が報告され、これに対し山田先生が的確に答えていく。初めての「保育スーパービジョン」への参加だったように思う。

その時、3歳児クラスから、「全く給食を食べない子ども」の相談があった。「今日、初めてうどんを一本食べたんです」「それはすごい、よかったわね。でもなぜ食べないのかしらね？」山田先生が心理的見解を述べられている。その時、私は初めて口を開いた。

「本当に、全く食べないのですか？」

「はい、全く食べません」

「う〜ん。ということは、夕方になると元気がなくなってしまいますか？」

「いいえ、夕方になっても元気です」

そんな……。3歳の子どもが、何も食べずに夕方まで元気でいられるとは思えない。今まで出会った自閉症の子どもの中に、一日くらいは食べないでも行動がアクティブな子はいたけど、この子は自閉症ではないし……。

「全く、何にも食べないんですか？」

「はい、何も」

「おかしいと思うんですよね。この頃の子どもが全く何も食べずに夕方まで元気でいられるはずはないと思うのです。おやつも食べないんですか？」

「はい。食べません」

「登園時間が遅いとかはないですか？」

「遅い時もありますが、それもたまにであって、普通に登園してきます」

そんなやりとりが続く。本当にしつこく聞いていたように思う。すると、

「あ、主食は食べています」

「やはり、何か食べていたんですね。主食ということは白ご飯を食べているんですね？」

「いえ、ハチミツトーストです」

ここに、答えがあった！　給食を全く食べないという思い込みで、子どもが主食を持ってきていることが見えなくなってしまっていたとともに、それが高カロリーで味が濃いハチミツトーストであることに気づいていない。給食内容について真剣に考えている保育園の薄味の給食は口に合うはずがない。

「ここの保育園では、主食にハチミツトーストを持ってくることを許可しているのですか？」

「いえ、白ご飯を持ってくるように指導しています。考えてみたらおかしいですね」

「そうですよね。じゃ、まずハチミツトーストはやめてもらって、白ご飯を持ってくるように伝えましょう。それでも食べないようであれば、別の問題があるのかもしれませんね」

　この子は、家庭での食事も、カレー・ハンバーグ・スパゲティが中心で、ご飯よりもハチミツトーストを好むため、保護者はこれを持たせていたのである。白ご飯を持ってくるようにしてもらって以降は、給食を食べるようになったとのことであった。

　この時、私自身は自分の存在意義が見つかったように感じた。大学院では、教員養成系大学での乳幼児期の発達心理学について研究したので、臨床心理学はほとんど知らなかった。就職してから、臨床心理学の重要性を感じ、本を読んではいたが、付け焼き刃でしかないことに焦りを感じていた。しかし、保育は「生活」であり、子どもを「生活者」としてその状況を見ることはある程度できるようになっていた。ここから保育を見直すのが私の立場ではないかと考えるようになったのである。

　おそらく、山田先生も、このことがきっかけとなって、私をスーパーバイザーの一人として考えるようになられたのではないかと思う。これ以降、山田先生と組んで保育スーパーバイズに参加することが増えた。

　山田先生とのスーパーバイズは自然と役割分担がなされている傾向にある。山田先生は、臨床心理が専門なので、そちらからのアプローチが中心となる。保育士の発言から、瞬時に子どもの気持ちを想像し、言葉にできるというのは本当に素晴らしいと思う。特に、事例報告から発達障がいの傾向を的確に推測できる方というのは、そうはいないのではないだろうか。私自身、山田先生と一緒にスーパーバイズすることで、ずいぶん学ばせていただいたが、それでも見落とすことが多い。これは、経験の差ではなく、学生時代から発達障がいの子どもに興味を持ち、関わり、研究されてきたことと、何よりあの読書量の多さがあるのではないかと思う。そして、「私は四つ位の仕事を抱えていないと調子が悪いの」と言われるような高いマルチタスク能力をお持ちだが、どのタスクの中にも常に子どもたちのことをおいておられるからであろう。

　ただ、臨床心理は「個」を扱うことが中心なので、アドバイスが保育という集団生活の場の状況から少しはみ出されることがある。そのような時には、私が山田先生の発言を保育現場で活かせるように解釈して、保育者に伝えるように心がけた。また、生活のあり方が改善されると状況が良くなると思われるものや身体的な問題については、私が発言することが多かった。

　そして、このコンビで生まれたのが、九州大谷短期大学の「実習基礎演習」であ

第1章　保育スーパービジョン・アフターミーティング

る。これは、1年生の前期に、学生を半数ずつに分けて、水曜日の午前中に保育所・幼稚園に実習に行き、その翌週は山田先生と私とで、学生から実習において困ったことや疑問に思ったことについてスーパーバイズするものである。

短大でのアフターミーティングで気をつけたこと
1．学生の思い込みを解く

　このライブの最初の質問の「いじめ」でも見られたように、学生たちは具体的な状況を説明せず、簡単な言葉でわかっているかのように片付けてしまっていることが多い。「いじめ」といえばこんなもんだという思い込みが強いのである。よって、まずはこれらをできるだけ具体的に表現するように、丁寧に紐解いていく。

　例えば、「6人の男の子が1人の転入園児をいじめている」ということに対する質問がなされたことがある。これだけを聞くと、「いじめ」であり、そんなことが起こっている保育所・幼稚園の保育のあり方、保育者のあり方が問われるであろうし、ライブで保育者が行っているような対応となることが多いであろう。

　しかし、あるときの事例は、具体的な状況を読み解いていくと、9月に4歳児クラスに転入してきており、子どもにとってはクラス集団が安定している状態に現れた、安定を揺らがせる存在ととらえている可能性があること。6人というのは、当時のヒーロー番組の正義の味方？の人数であり、転入児を悪役とするごっこ遊びの姿ともなっていたことがわかった。もちろん、集団で1人の子どもに向かっていくのは良くない。しかし、この背景がつかめていれば、例えば悪役にされている子どもの味方となって大人が共に戦うなど、ごっこ遊びを利用して関係を変化させていくこともできるのではないだろうか。

　このように、教員側から質問することによって学生が何を把握して伝えなければならないかを学び、状況をできるだけ具体的に語るように促し、状況によって様々な対処の仕方があることを伝えられるように配慮している。

2．園の保育に対する批判にならないように一般化する

　学生たちは、保育現場で見てきたことを素直に質問する。その中には、私たちでさえも驚くような、保育士の困った対応もある。思わず「どこの学校出身の保育士なのかなぁ？」とつぶやいて、「うちの先輩って言ってました」と言われた時には、愕然としてしまう。

　しかし、そのような行動をとってしまう背景には、必ずそうさせてしまっている「何か」があり、それは、その園独自の問題ではなく、どこの保育園でも少し間違えば起こりうる問題でもある。最後のほうきを取りあげた男子学生のような対応も、ここでは学生たちは笑っているが現場で似たような子どもと保育者の頑固争い

をやっているのを見ることは多い。その時に、その園、その保育者の批判にならないように努めた。ただ、それがどうも個人の問題であろうと考えられる時は、「あなたはそのような行動をしないように肝に銘じておいてね」とアドバイスするようにしている。

3．実習を授業の一部として関連づける

　山田先生も私も、いろいろなところで「事例検討会」を行っているので、時にはアドバイスが深入りしてしまうことがある。現場で働いている保育者であれば、相当に突っ込んでアドバイスすることが必要だが、このアフターミーティングの相手は学生である。できるだけ、学生の短大での学習内容と、実習生という「立場」を考慮したアドバイスとなるように心がけた。私が突っ込みすぎると、山田先生が「実習だから……」と私にブレーキをかけると同時に、その立場でできることを私の話から抽出して具体的に話される。そういった意味では、このような「事例検討」は複数の担当者で行うことが大切なのだろう。

　本学幼児教育学科の教員は8名だが、各教員の専門性や研究内容、立場が違うので当然、保育に関する考えが同じであるとは限らない。そもそも「保育」自体、様々な理念、方法、内容があるので、違って当然である。しかし、「子どもの表現を大切にする」「教えることよりも子どもの持っているものを引き出すことが大切である」など、子どもを主体として「保育」を考えるということに関しては代々の教員がほぼ一致して心がけている。そういう教員が本学こそ自分の居場所と思い、残っているとも言える。山田先生が学科長になられてからは、「子どもの心に寄り添う保育者」という視点は明確に打ち出されたように思う。だからこそ、本学学生の「保育」「福祉」への関心が下がりにくく、入学生の9割以上が保育所・幼稚園、各種福祉施設へ就職するという状況を長い間生み出しているといえよう。

　よって、各教員の講義内容とできるだけ関連させることを心がけた。例えば、「A先生が講義の中で扱われたと思うけど……」や「B先生が2年次の講義で話されると思うけど……」など、具体的な講義内容を提示した。これは、小規模校である本学だからこそできることであろう。教員は、何も一枚岩にならなくてもよいのである。むしろ、お互いの考え方の違いを認めつつ、時には論議しながら切磋琢磨していくことが、教員の側にも求められるのであろう。

4．男子学生の特徴に配慮する

　「男女平等」は当然のことであるが、こと保育世界においてはなかなかそうなっ

第 1 章　保育スーパービジョン・アフターミーティング

てはいない。私自身が資格を取った20数年前は保母資格であり、保父という言葉はあくまでも造語でしかなかった。その後、国家資格化の際に「保育士」と名称が変わり、男女の区別がなくなったのだが、実際の保育現場で求められるのは今でも「母性」が中心であり、男性が保育士を希望してもなかなか就職できない状況にある。

　しかし、時代の変化、特に家庭の中での「父親不在」や「母子家庭」の増加から、保育現場でも男性の存在の必要性が高まっている。つまり、「父性」の男性像として必要なのである。しかし、職業人となるためには、そのモデルとなるべき存在が必要なのだが、女性しかいない保育現場では男性保育士のモデルは存在しない。そのため、男性保育士が女性化してしまうことがあり、私自身、保育現場で働いている時に女性的になっている自分に気付き、うろたえたことがある。逆に、男性的であろうとして、過度に荒く、暴力的になったりしてしまうこともある。つまり、保育士としてちょうどいい「男性」であることはなかなか難しいのである。

　このような状況にあるからこそ、男子学生については、体格的にも体力的にも優位にある男性として、子どもに関わるとはどのようなことか考えるきっかけとなるように配慮した。例えば、ライブの事例「泣きながら叩いてきた」のように、子どもは男性に対してはAggression（攻撃性）を向けてくることが多い。それを受け止め、安心して「攻撃性」を吐き出させるとはどのようなことかを提示している。また、ケンカの場面においても、女性はすぐに止めようとする傾向にある。しかし、どちらかが一方的にやられているのでなく対等なケンカであるならば、道具を使ったりケガをしないように気をつけながら見守ることも大切であり、そういったことも男性の方が得意のようである。保育現場に男性が保育士として存在する意味を考え、男性保育士の存在意義を見いだして欲しいと思っている。

　実習の事後指導はどこの保育士養成校でも行われている。最も多いのは、自分たちが実習で学んできたことをグループワークを通して整理し、発表する形式のものである。本学でも、保育所以外の児童福祉施設実習についてはこの形式をとっている。自分たちの実習での経験を、与えられた、ないしは見いだしたテーマに基づいて論議し、整理し、報告することも、経験をより深めて考えることになり、大きな意味を持つ。

　これに対し、九州大谷短期大学の1年次のアフターミーティングは、特殊なやり方である。「質問に答える形式であり、質問しなければ学べない」という形に、初めは学生たちは戸惑う。しかし、最初に勇気を持って質問してきた学生に対して、学生自身が経験してきたことを個人的な問題とせず、普遍的な共通の問題として扱っていくことによって、具体的に学べる醍醐味が学生に伝わっていき、次々と手があがるようになる。様々な保育場面において具体的にどのようなことを考えればよい

かがシミュレーションできるので、回数を重ねる毎に子ども理解が深まっていくのが感じられる。

実習の最初の頃は、「子どもが叩くんです」「子どもが泣いているのをなだめていたんですが、泣き止まないんです」など、子どもの行動を表面的にとらえて質問してくることが多い。これに状況を丁寧に紐解くような質問をこちらから投げかけながら、その行動の意味を考えていく「やりとり」を繰り返していくことによって、実習の後半にはより行動の意味を考え、それが妥当なのかについて質問してくることが増える。

本学の学生が就職した際、保育技術に関してはまだまだ未熟であるが、子どもの心に寄り添って考える力があると評価されることが多いのも、このような経験の積み重ねがあるからだと思われる。保育技術はもちろんとても大切なことであるが、保育所・幼稚園によって違いが大きいので、短大で学んだことが現場ですぐに役立つとは限らない。むしろ、どのような保育方針であっても、子どもの心の理解が深ければ、より適切な支援が検討でき、子どもは豊かに育っていくのである。そういった意味では山田先生と私が構築してきたこのアフターミーティングの方法はとても大きな意味があると思っている。

同時に、私たち教員の責任も大きい。学生の発問に対し、これを深めるために投げかける質問自体が、子どもの心を理解するための方法を提示していると共に、子どもを主体として考えるとはどのようなことかという価値観を提示している。私たちの子ども観・人間観、つまり、人間性が問われるのである。山田先生も私にもそれぞれ「師」と仰ぐ保育者がおり、その方々がとても素晴らしい人間性を持っていることを知っていると同時に、完璧な人間はいないということもまた知っている。このアフターミーティングは、学生を育てると共に、私たち自身も育てられてきたと考えている。

「私の還暦記念出版にあなたの原稿がないのはおかしい」と言っていただいたのは光栄である。また、この原稿を校正していただいた際に、「コンビ」と書き直していただいたことには非常に恐縮している。まだまだ山田先生から学ばなければいけないことは多い。しかし、退職された今、私が「コンビ」を組んで育てられる仲間を見いだしていく必要がある。本学では、私より若い優秀な教員がさらに増えているので、彼らと論議を深めつつ、子どもの心に寄り添える保育士の養成に努めたいと考えている。

山田先生、今までご指導本当にありがとうございました。また、今後もご鞭撻のほどよろしくお願いいたします。

第 2 章

山田眞理子先生を囲む会
と
60年史

山田眞理子先生を囲む会
（2012年2月11日）

　卒業生主催の「山田眞理子先生を囲む会」は2012年2月11日に九州大谷短期大学開学40周年を記念して建設されたばかりの大谷講堂で開催された。

　山田先生は、「定年でないのに退職するのだから、大学には不義理をするので何もやってくれるな」と漏らされていたので、その準備は1年以上前から卒業生を中心に秘密裏に進められた。しかし、先生の知るところとなり、そうなると基本的にイベント好きで仕切りたがり屋の先生ゆえ、どんどん意見を出してこられてきて、実行委員も「先生が一番楽しめるものに……」と盛り上がっていった。結局、200人を超える卒業生や在校生、その他保育やNPOで山田先生と関わってこられた方々が集まって、第1部の出し物大会と第2部の最終講義は3時間を越える大イベントとなった。特に第1部は、観客全員が楽しめるステージだった。（添付DVD）

　この囲む会の裏方（音響、照明、舞台監督の手配。配付資料や当日プログラムの構成、印刷。リハーサルの時間調整など）をすべてコーディネイトし、当日の総合司会を担当してくれたのが、25期生の吉柳佳代子だった。彼女は、子どもの頃から山田先生が運営委員長を務めていた飯塚子ども劇場で育ち、高校3年の時に山田先生とともに忍者七人衆の頭領として飯塚の忍者祭りを企画し、九州大谷短期大学幼児教育学科に入学。山田クラスを卒業して、飯塚子ども劇場の事務局となると同時に山田先生たちが立ち上げた子どものためのドラマスクールのスタッフとして表現教育家の道に歩み出した、生粋の教え子である。今や山田先生とともに数々のNPO活動や保育者研修に関わっており、彼女の行動力と制作力なくしてはこの会は成功し得なかったと思う。

第2章 山田眞理子先生を囲む会

Ⅰ．囲む会

1．太鼓サークル「たま鼓」

2008年、山田先生の発案のもと九州大谷短期大学に誕生した太鼓サークル。学生8人でスタート。地元の太鼓グループ「てんて鼓」のかっさ（田中和久）の指導のもと、合宿は山田先生の自宅の小ホール「いおり」で行っている。保育士・介護士のたまごである自分たちを「鼓」にかけて、「たま鼓」と名づけた。

2．「つくしんぼサークル」現役生による「のはらうた」構成

児童文化研究会「つくしんぼサークル」は、山田先生が育児休暇明けに九州大谷短期大学に常勤として戻られた際に立ち上げたサークル。現在の現役生で第20期になる。これは、20年一つのサークルを顧問として続けてこられた、山田先生の歩みのひとつである。

九州大谷に入学するとすぐ山田先生のことばの授業がある。毎時間最初に山田先生がしてくださる絵本の読み聞かせで、読み聞かせの世界に開かれた学生も多い。くどうなおこさんの「のはらうた」も授業での課題の一つ。山田先生の口ぐせは「感じてから言葉にして！」

3．インプロショー

インプロ集団MOSAïQUESは、インプロ（improvisation）つまり「即興」劇をする集団。山田先生が長年関わってきた飯塚のドラマスクールのOBが中心になって2011年結成した。

台本がなく、その場で出演者と会場のお客さんが一緒に創っていくお芝居のトレーニングは、保育者や介護士の養成に大いに役立つと山田先生は思っており、保育者のワークショップでも実施している。当日は、幼児教育学科の卒業生4名と山田姉弟の6人で上演。

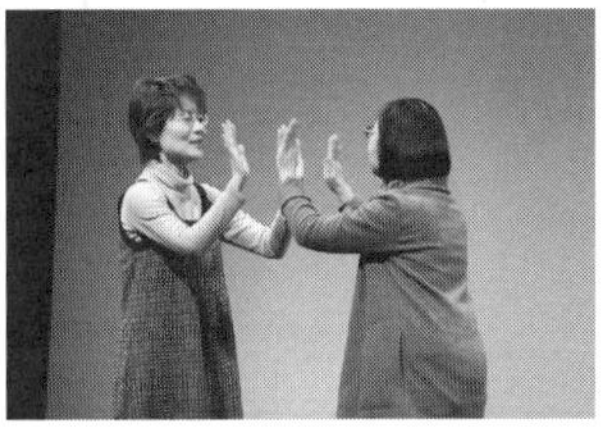

4．わらべうたコーラス

本学の非常勤講師である大屋先生と、大屋先生や山田先生と一緒に飯塚のドラマスクールで活動している

方々による発表。今年で16年目を迎える飯塚ドラマスクールは、その立ち上げに山田先生が企画・制作で関わっておられた時に、子どもたちの身体がリズムを刻めるために、ドラマスクールの練習のなかにわらべうたを入れることを提案され、以後16年間一貫して取り組まれている。

5．朗読劇「あらしのよるに」

これは、つくしんぼサークルの中でも本格的な朗読劇で、つくしんぼ代々にわたって様々なガブとメイが生まれている。ガブを男子がやったり、オオカミのひとり語りで玖珠町童話祭に出演したりした非常に思い入れがある作品。今日はその初代の二人が演じるガブとメイに今回の実行委員長による語りを加えて上演。

6．山田先生に贈る歌

幼児教育学科25期・26期の卒業生である後藤夫妻による替え歌演奏。学生当時、ともに軽音楽サークルに所属していたので、今回山田先生のことを歌詞にして演奏。「おじゃまんが山田君」のメロディーに乗せて、最後は参加者全員で合唱した。（DVDでは、替え歌の著作権の関係上、歌の部分の音声はカットされている。）

7．「ひもあそび」と「松づくし」

幼児教育学科25期・26期のつくしんぼサークル。「ひもあそび」は、つくしんぼサークルの創成期から受け継がれたもので、当時、九州大谷短期大学国文学科演劇放送コースの教員だった演出家・関屋幸夫先生が立ち上げた「ざぼん座」という劇団で使われていた、『アニマイム』という手法のひとつ。当時は劇団風の子が舞台でもやっていたが、今は見ることができない貴重なもの。

「松づくし」は、東京の児童館で学んだものを25期の卒業式後の謝恩会で披露しようということになり、急遽練習して演じた25期生記念の作品。

8．表現学科演劇放送フィールド有志による「音楽劇 愚禿釈親鸞」ハイライト

　音楽劇愚禿釈親鸞は九州大谷短期大学開学40周年記念として、大学の総力を挙げて創作され、演劇放送フィールドの2年生を中心に5月に10日間14ステージが上演された。今回は、その舞台を常に応援してくれた山田先生の希望に応えて、作曲者の上田聖子先生が構成したハイライトシーンの上演。

9．山田姉弟によるお礼の太鼓

　今日の囲む会に集まってくれたみなさんのために、感謝の気持ちを表すべく、長女・寛子さんと次男・宗範さんによって披露された。飯塚で活動している太鼓クラブ鼓楽塾の曲「風神」。

10．嘆佛偈(たんぶつげ)

　寺院出身の幼児教育学科卒業生や山田先生と関わりがあった仏教学科や生涯学習センター受講生などが、最終講義の前に「嘆佛偈」をお勤めした。

　その後、山田先生より「コンステレーション～導かれて～」の最終講義（本稿第3章）がなされ、その最後に「さらば」の大幕（敷布3枚分）が紙吹雪とともに舞台中央に降ろされるというサプライズがあった。

　実は、この「さらば」の幕は16年前、九州大谷短期大学の「御命日勤行(ごめいにちごんぎょう)」という全学授業において、幼児教育学科2年生が中心（お頭）になり、全学生で忍者団を組んで学内を修行して廻った時の最後に使用されたものである。

　それは、御命日勤行の最初にお勤めされるはずの正信偈(しょうしんげ)がなかなか始まらず、「導師が悪者にさらわれた！」という小芝居から始まった。体育館の2階に現れた悪者は「導師は預かった！返してほしくば、修行を積み、秘密の言葉を得ることだ！」と言って消えた（この敵方を演じたのが当時2年生で、今回「贈る歌」を歌った後藤直暁であった）。学生たちはあれよあれよという間に、お頭と称する忍者姿の幼児教育学科生に10人単位の忍者団に集められ、学内各地に修行に出かけなければな

らない。

　各教室で修行をさせる忍者として待機しているのは教員たち（教員たちも衣装を着けてその気になって待ちかまえていた）。仏教学科の教員による「正信偈修行」や福祉学科の教員による「介護修行」、演劇放送コースの教員による「ウォーキング修行」など、学内はさながらオリエンテーリングのようなグループ遊びの場となった。

　修行が終わって全員が講堂に集まり、修行によって得たヒントの文字を一つずつ読み上げることで導師が、騎馬戦の要領で組んだ３人の男子生徒の腕にまたがって登場し（爆笑だった）、正信偈を無事にあげることができた、というストーリー仕立ての90分であった。

　この年の２年生は実習の設定保育で「忍者ごっこ」をした学生も多かった。様々な修行を子どもたちとともに考えることは、そのまま遊びの創造である。例えば、「色修行」と名付けて、「赤色のものを探せ！」としたり、「この葉っぱと同じ色を部屋の中で探そう」とやったり、遊びはどこでも創りだせるものであることを学生たちは感じとった。

　その最後に大頭と呼ばれる山田クラスの２年生忍者たちが走り去った後に「あれを見ろ！」と指さす先の校舎の屋上から垂らされたものがこの「さらば」の幕であり、25期生にとっては懐かしいものである。

　囲む会は、最終講義の後、数人のフロアートーク（一部を以下に収録）があり、最後に大学歌と恩徳讃（おんどくさん）が歌われて終了した。

Ⅱ．囲む会に寄せられた山田先生へのメッセージ

栗山美由紀

　思い返せば12年前の春です。

　その頃私は、自分の生き方に対して、いろんな焦りや不安、迷いで一杯でした。とにかく、人の目が恐ろしく、下を向いて、耳を押さえていたいような毎日でした。その思いを抗不安薬で誤魔化し、それが精一杯で、私は何のためにここにあるのかと、よく思いました。そんな時、大谷で山田先生との出会いがありました。初めて講堂でお見かけした時の第一印象は、「紫の髪の元気な方」でした（ごめんなさい）。それと同時に、ものすごいエネルギーと優しさに満ちた、力強いまなざしがとても印象的で、その頃、先生がどのような方かも存じあげず、"この方がきっと私を救ってくれる……" 勝手ですがそんな気がしてならずに、山田先生のクラスを希望する長蛇の列に並んだのでした。

　そして、それから心の葛藤があり、山田先生は休学を勧めてくださいました。気持ちが追いつかず、退学を希望する私に「その道は間違っていない。人生をそんなに急がなくてもよい」と言ってくださいました。その時、山田先生にお出しした手紙の原稿と、先生からいただいたお手紙は、今も大切に保管しております。その時から、自分が生まれ変わったと思っており、そのお手紙は、私の第二の人生の始まりの切符のようなとても大切なものです。そのように私の気持ちを大切に扱ってもらったのは初めてのような気分でした。

　その後、チャイルドラインに私を引き入れてくださり、たくさんのどうしようもない思いを抱えて苦しむ子どもたちの声を聞き、「みんな必死に生きているのだ」と思うのと同時に、「生きたい」という叫び声を聞いているようで、その気持ちに応えたい、認めてあげたいと思うようになり、私自身生きている実感が持てるようになりました。

　それから再び保育士の勉強をするなかで様々な境遇の人たちと出会い、絆を深めることができました。そして、再び山田先生のお導きで、新たな気持ちで大谷の専攻科福祉専攻に帰ってくることができました。その後就職をし、様々なことがあり、自分の未熟さを痛感しましたが、とてもよい人生勉強になったと思っています。目の前のこの方の大切に思うものは何だろうと来る日も来る日も想像し、一筋の光が見えた時、人の心に寄り添うことがとても難しく、とても大切であることがわかりました。

　そして結婚後、子どもを授かり、お腹の中で育つ子どもをなんとしてでも守りたい、そんな思いから、これまで10年以上飲み続けた薬を完全に止めることができました。忙しさで不安が紛れているだけなのかとも思いましたが、以前のような得体の知れない不安に襲われることも少なくなりました。

　今、子どもは1歳4ヶ月です。毎日、全力で私に思いをぶつけてきてくれます。その分、私も必死に応えようとし日々試行錯誤しています。正直、年齢には勝てず、子どもが寝た後は抜け殻のようです。イライラもします。ですが、この子がかわいくて、愛おしくて仕方ありません。立派な親ではありませんが、

この愛おしい気持ちがあれば、子どもにもそれは確実に伝わりますし、生きていく上での力になると思うのです。そして、子育てをするなかで「この子が生きていきやすいように、私は何をすればよいのだろう」といつも自分に問いかけます。また、私の不安や悲しみはこの子の不安や悲しみであること。そして、喜びもまた……。こう自分に言って聞かせています。

これからもたくさんの出来事があると思います。そして、葛藤しながら生きていくのだと思います。そのなかで山田先生から学ばせていただいたことを大切にしていきたいと思います。「わかったふりをしない」「人を思いやることの大切さ」「人の心に寄り添うこと」、これらは私の心に深く刻み込まれています。

山田先生、私のような人間を"生徒"としていつも温かく見守り続けてくださり、本当にありがとうございます。これからも、どうか山田先生の生徒の一人でいさせてください。

松延猶美（初代クラス長）

初めて、眞理子先生がいらっしゃった時は、まだ、旧姓の藤縄でした。学生が集まって先生のお話を聞いてゼミを決めるという時間がありました。そこで、先生が開口一番おっしゃったのが、「この藤縄は覚えなくていいから。そのうち変わるから」ということでした。その時、私はピンとこなくて、「ふーん」と思いながら、眞理子先生の話にひかれて、眞理子先生のゼミを選択しました。その時は、先生が29歳で、私が18歳。30年前、その頃はまだまだ私も先生も、元気いっぱいでした。

大谷祭でゼミのみんなと一緒に、人間カラオケをしました。ベースとかドラム、キーボードを人間の口で「ボンボンボンボン」とか「ビンビンビンビン」と言って、一つの曲をつくって歌う、というのが流行っていた時代でした。ゼミの学生はベースとかドラム、キーボードの音を出して、眞理子先生は、ボーカルでやろうということになりました。1年生と先生が山口百恵の『プレイバックパートⅡ』、私たち2年生は『ジェニーはご機嫌ななめ』という流行の歌を♪君といちゃいちゃ…♪とミニスカートをはいて歌いました。その当時は筑後にはあまりなかったカラーストッキングのピンクや黄色、緑や青などを学生が集めてきて、「眞理子先生、これをはいてください、これを着て歌ってください」とミニスカートとカラーストッキングを持って行きました。先生は、もうぜんぜん臆することなく、大谷祭の前夜祭で、みんなに披露したのを覚えています。けっこうぶっつけ本番でみんな元気にやりました。それがすごく楽しい思い出です。

もう一つは、幼児教育相談室が大谷の中にあって、障がいを持ったお子さんが土曜日の午後短大に来て、学生と一緒にいろんな遊びをしたり、関わりを持ったり、少しでも前向きに障がいと向き合っていこうという活動をしていました。私はそこに所属していて、赴任されたばかりの眞理子先生に来ていただき、顧問の先生と一緒に私たちのご指導をしていただきました。ある時、それまでは毎年、養育キャンプを1泊2日で行ってきましたが、その年は、「1泊2日を2泊3日のキャンプにしようか」という話がもちあがり、そ

れについて話し合う機会がありました。学生たちが「2泊3日にすることでどんなメリットがあるのか」「どんなことが困るのか」など、そういう話をいっぱいするなかで、私はふと「でも、日程をのばすことは子どもにとってどうなんだろう？」と言いました。すると、それまでは側で黙って聴いていた眞理子先生が間髪入れずに、「そこよ！子どもにとってどうなのか？それが大事！」とおっしゃいました。その時に「子どもにとってという視点がどれだけ大事か」ということを眞理子先生から教わった気がします。それは30年以上経った今でも、私の保育士人生の原点です。眞理子先生から教わった、この「子どもにとってどうなのか？」という言葉を、ずーっと心の中に原点として今も持ち続けています。

そして、保育界が大揺れに揺れている今日、「子どもにとってどうなのか？」という視点を、私たち保育士は絶対に忘れてはいけないと思っています。

河村陽子

私は山田先生との出会いによって、人生が本当に大きく変わった者の一人です。先生のクラスで学び、この短大から大学に進学して大学院まで行って、そして、ご縁をいただいて教員として九州大谷に戻ってこさせていただきました。この大学に戻ってから、学科は違うので会議とかで先生とご一緒して感じることは、先ほどの方もおっしゃっていましたが、山田先生は本当に信念を持たれて仕事をされる「信念の方」なので、相手が誰であっても、言うべきことは信念を持っておっしゃいます。相手が誰であってもですよ。意味わかりますか？

本当にそれは学生のため、子どもたちのため、保育のためで、そこは絶対に曲げてはいけないということを教えていただきました。どこを見て仕事をしたらいいか、どこを見て生きていったらいいのかなど、そういうことを背中で教えていただいたと思っています。

私の一つ一つのこと、子育てにしてもそうですし、学生と向き合う時の姿勢もそうです。私の生き方すべてに影響を受けました。臨床の時も、山田先生だったらどうするかなとか、こういう時はどうされるかなあと、常に頭にあります。これからも人生を支えてくださる先生なんだなあ、と思っております。これまで、ありがとうございました。

梅崎浩平

私は25歳で短大に入りましたが、山田先生のクラスではありませんでした。男性ということもあり、学校の中では「パパ」と他の学生から呼ばれていました。ある時、山田先生が、「あなたパパって呼ばれているけど、大丈夫やろね？」と心配の声をかけてくれたことを今でも覚えています。

私は学生時代に専攻科までいかせていただき、今は大谷キッズステーションという託児

のスペースを開設しています。開設当初は眞理子先生にいろいろなアドバイスをしていただいたり、「あっ、これ。これ」という的確なお言葉をいただきました。

そのキッズステーションで資金繰りに悩んでいた時、「ちょっと家に遊びにおいでよ」と電話がかかってきました。なぜか本当にタイミングがいいんですよね。先生の家に行くと、「積めるだけこれ持って行きなさいよ」という感じで木製の積み木や大きなおもちゃ入れをいただいて帰りました。そんな思い出がたくさんあり、それらは今でも大活躍しています。

私事ですが、今度新しく、久留米の夜間型保育所を任せていただけることになりました。これからも山田先生にはいろいろとご相談したいことがたくさんあると思います。今度はたぶん私の方から声をかけて、ご自宅まで押しかけることがあるかと思います。これからも宜しくお願いしたいと思います。

武宮知緒里

私たちが山田先生の講義を受講した時、先生は背中に小さな赤ちゃんを背負っておいででした。集中講義が年に数回だけだったのに、卒業して保育現場に立った時、先生の言葉がいつも巡っていたことを思い出します。

　何より子どもを一番に考えられていて、保育士の私がどうすればいいのかと悩んでいても、「子どもが何を悩んでいるのかが大事でしょ？　困っているのはその子自身よ」と、誰より子どもの味方でした。一番子どもに寄り添われているのが山田先生でした。

現在もとてもお世話になっているのですが、子どもと過ごす私の保育現場での支えとして、先生の「この先、この子が辛い人生を歩むことがあっても、この時期（保育園時代）、僕は僕のままでいいんだと認められた場所、大切にしてくれた場所（保育園）があったという記憶が、大変な場面でその子を救うこともあるのです」という言葉があります。子どもの前に立ち迷いの中にいる私には、この言葉が今とても大きなものになっています。九短という場所で山田先生と出遇い、今も保育現場にいる私を大事にしていきたいと思います。

坂口奈都美

ご縁があり、九短で若かりし学生時代を過ごし、現在は真宗保育のお寺の保育園でお世話になっています。

学生時代に、Ａちゃん、Ｂちゃん、Ｃちゃんの気持ちは……？という講義から始まり、現在まで、深い深い、たくさんのお話や言葉が、時にはグサリときながらも、心に残っています。

「その子はどう感じてる？」

「その子は何が困ってる？」

「その子が、ここにいていいんだって感じてる？」

「その子が、大切にされたんだという体験や思いは……」等々

『その子』という子どもに寄り添う、一人ひとりの子どもというメッセージが常に含まれ、『一(いち)が子ども‼』ということを深く刻まれました。

毎日の生活の中で、その子よりも自分中心に考えてしまう時、山田先生の『その子は

……?』を思い出し、立ち止まれる自分でいれたらと思います。

山田眞理子先生との出逢い
甲斐俊輔

私が山田眞理子先生と初めて出遇ったのは、九州龍谷短期大学で仏教を学んでいた頃のことでした。九州大谷短期大学の生涯学習センターの案内をたまたま目にし、チャイルドラインの講義を受講したことがきっかけです。

山田先生との出遇いは思いがけないものであり、ある意味では全くの偶然ではありましたが、偶然というにはあまりにも不思議過ぎるつながりがあって、今では山田先生との出遇いは、私にとって必然であったと受け止めています。それほど、山田先生との出遇いは、私が生きる上で大きな出遇いでした。

山田先生と出遇った頃の私は、自分自身の存在、これまで生きてきたという事実を認めることができずに、随分と苦しい思いをしていました。チャイルドラインに関わらせていただき、子どもたち、ボランティアの方などたくさんの方々との出遇いをいただきました。子どもたちと話しながら私が感じとったのは、「ボクは、生きていていいの?」「ボクのそばにいてよ」「ボクを安心させてよ」という声にならない声でした。その声は、私自身も過去に発したくても決して発することができなかった声で、私をどこか突き動かすような声でありました。

九州大谷短期大学で教鞭をとっておられた宮城顗先生は、「救われるというのは場所をたまわること」とお示しくださいました。山田先生は「子どもの気持ちに寄り添って」といつも言われていました。何よりも子どもが安心して育ち巣立つことを大切にされた先生の後姿を拝見するたび、いつも宮城先生のこの言葉が思い浮かびました。

「救われる」とは、安心して自由に自信を持って生きられるということでしょう。「場所をたまわること」とは、あなたは生きていていいのだよと存在を認められるということ、そして、決して孤独ではないということでありましょう。

私が今、ここに生きている。このことは、決して無意味なことではありません。私一人の力だけでは生きてこられなかった。数えきれないほどたくさんのいのちやはたらきに導かれ、生かされて生きてきたのであった。このことが、とても大きな意味のあることでありました。山田先生が言われた「あなたが過去のあなたを否定したら、その時に必死に生きていたあなたがかわいそうじゃない」という言葉があります。

私がこれまでたくさんのいのちやはたらきに導かれ支えられて生かされてきた、そして今も、私が生かされているという事実を見つめながら生きていきたいと思います。

山田先生、今後ともどうぞよろしくお願いいたします。

田島直里

　眞理子先生、退職おめでとうございます。

　もうそんなに時が経ったのかなぁてん……と数えてみると、私が先生と出会ってから21年も経っていて驚きました。先生との出会いは九州大谷短大でしたが、とてもとてもお世話になりながら途中で全て投げだすという最低な生徒で、本当に迷惑をかけてしまい、思い返すたび申し訳なく情けなく思います。

　結局、私は幼稚園教諭でなく看護師になりましたが、看護師の勉強をしている時もずっと看護師になったら先生に会いに行きたい、きちんと謝り報告したいという気持ちで頑張っていました。

　辛いこともいっぱいありましたが、あの頃何年も孤独に必死に頑張れたのは先生のお陰です。中退してからも年賀状だけはやりとりしていて、看護婦になってから一度だけ北九州でお会いしましたね。その後、結婚して転居したりして、今度はネットで見つけてくれて、また連絡がとれるようになって嬉しかったです。

　大谷では子どもたちとの関わりの中で、人生で初めて心が震えるような感動体験をたくさんしました。そして、初めて私を認めてくれる大人に出会いました。それが眞理子先生でした。先生との出会い、大谷での幼稚園教諭の卵時代の経験は、キラキラまぶしく濃いもので私の心の太い柱になっています。何年経っても変わらずダメな元生徒を"教え子"だと思ってくださる大きな先生に本当に感謝しています。

　退職しゆっくりされるどころか、時間が自由になった先生は、これからますますのびのびと動き廻られるんでしょうね。お身体に気を付けてくださいね。いつかまた、先生の後をついてちょろちょろと動けるように私も人生を頑張ります。

　眞理子先生お疲れ様でした。

　これからもよろしくお願いします！

人生の先達　山田さん
荘田　朋子

　私が飯塚に来て、山田さんと会ったのは、コンステレーション（人生の布置）だったと思う。山田さんに会わなければ、今の私はなかった。

　主人の転勤で飯塚に来たのは、単なる偶然だった。主人が医学部の大学院を卒業し、慣例となっている外勤（大学の外の関連病院で働くこと）に出る時、いくつかある転勤先から、飯塚をくじで引き当てたのである。そして、最初は1年の約束だったのに、教授が早期退職され、後任の教授にとってはそんな約束はないも同然、そのまま、いわば島流し状態となり、そのうち、主人は山笠にはまり、私は子ども劇場にはまって、そのまま居ついてしまった。

　飯塚に来た時1歳だった長男を3歳で幼稚園に入れる時、誘われて子ども劇場に入り、その活動の中で山田さんに出会った。

　その頃、幼稚園の教育方針にとても疑問を持っていた。年少さんで、節分に鬼のお面を作るのに、先生が、顔の形、目鼻口など、パーツを全部切り抜いて準備し、子どもたちはそれを並べてお面を作った。私は、「どこが目鼻かわからなくてもいいから、子どもたちの作ったものが見たい」と言ったが、先生は「あら、子どもたちの作ったもの、全部違うんで

すよ」と微笑んだ。百面相の範囲で違っても、仕方ないのに……。

年長さんの教室では、後ろの壁に、子どもたちの作品が貼ってあった。画用紙に二つの長方形と、小さい丸を二つ描いて、トラックの形にし、その四角と丸の中を、子どもたちがクレヨンで塗りつぶしている。綺麗に。誰も、1ヶ所たりとも、その枠からはみ出していない。

「これって何？　これは、作業でしょう？　年長さんに、こういう作業をさせるって、何？」

おまけにそのトラックの荷台には、全員同じ折り紙のお花が乗っている。

おかしい。私は別のお母さんに聞いてみた。「おかしくない……？」返事は、「さあ。考えたこともないけど……」考えたことがないなら、今考えてくれたらいいのだが。そのうち、「そういうことを、言わないでください」と来たもんだ。

翌年、午前中だけパート勤務を始めるので、下の子を近所の保育園に入れた。そこでは、午前中はずっと、教育テレビを見せているらしい。うちの子は言わないからわからなかったが、他のお母さんが、「子どもが教育テレビの番組にやけに詳しい」と言っていた。そして、夕方お帰りの時間になると、子どもたちはテレビのある部屋に集められ、アンパンマンかなんかを見せられる。この部屋を出たら怒られるのだそうだ。園からのお便りには、子どもたちが話が聞けない、ということが縷々書いてある。さすがに、「あなたたちが聞かせられないのでしょうが」と思った。困った。

そんなこんなで悩んでいる時に、子ども劇場を通して山田さんに会った。そうだ、その少し前に、近所の本屋で偶然、山田さんの創造保育の本を手にとっていたのである。読んで、何て素晴らしい保育があるんだろうと感激し、なんか、遠くではない場所であることはわかったが、そういう理由で転園させるなんて、どうなんだろう……なんて悩んでいた時に、その著者の山田さんに会った、のだったと思う。

山田さんは、ご主人の言葉を教えてくれた。ご主人は精神科医だ。「精神科の患者さんは、医者がどんなに治そうとがんばっても、治らないこともあるけど、子どもは、環境を変えさえすれば良くなるから、簡単だ」と。

なるほど！　と、転園させた。子どもたちが、4歳と2歳だった。

創造保育の17周年発表会も、この頃だっただろうか。見てから入れたか、入れてから見たか忘れてしまったけれど、早い時期に創造保育の全体像が見れたのはよかった。

3歳の宇宙人さんたちのがんばり。4歳の動物さんのサーカスの見事さ。5歳のお百姓さんたちのあっぱれさ。畑を耕す子どもたちの腰の入りようがすごい。実際は、先を綿か

「その気になって～創造保育の子どもたち～」
島崎充写真集より

何かで丸めた棒を振り上げて、舞台の床を叩くのだけれど、本当に耕している。苗を植える子どもたちの手つき。苗と土が見える。獅子舞と太鼓の見事さ。

　よくある教え込まれた、やらせの演技ではない、子どもたち自身の生き生き活動する姿があった。私の求めていた保育がここにあった。

　子ども同士同じ創造保育の園に通うことになり、それからしばしば山田家に遊びに行き、創造保育の話をはじめ、色んな話を聞かせてもらった。心理の専門家から聞く保育の話だ。まず、乳幼児の心の発達段階のこと。成長したら何も覚えていない乳児期の母親（保育者）との信頼関係が、世界に対する信頼として、その子の一生を支えること。2～3歳の、いわゆる反抗期が、実は反抗ではないこと。そして、創造保育が、いかに乳幼児の発達をおさえて組み立てられているか。島崎先生をはじめとする先生方が、いかに、子どもたちの本気をかき立てる導入をされるか。興味は尽きなかった。

　私自身の話も聞いてもらった。私は反抗期のない子どもだった。今思うと、反抗したら何もかも終わりだと感じていたと思う。孤独と不安を抱え、思春期になるとそんな自分が苦しかった。自分の中にマグマがあり、私の内側でのたうって焼き焦がしていたが、どこにも出口がなかった。優等生だったから、ぐれることも、反抗することも、病気になることもできない。だが、そういう辛さを誰からも理解されなかった。高校生ぐらいになると、心理学の本を読みふけり、原因は理解したが、理解しただけでは変化はしない。変化するには、話を聞いてくれる相手が必要だった。山田さんは聞いてくれた。多分、こんな話を縷々したのだろう。

　それからしばらくした頃、子ども劇場関係の催しだったかで、個人のお宅のホールのコンサートにお邪魔することがあった。一緒に行った山田さんは、「こういう催しのできる個人のホールっていいね」と言い、それはすぐに山田家小ホール「いおり」建設につながった。いいと思ったら、すぐ実行するのが、山田さんだ。

　この「いおり」は、どれだけの人に貢献しただろう。とりわけ、私とうちの子どもたちはとびきり恩恵にあずかった。

　まず、いおりが出来てすぐ、子どもたちの太鼓クラブ「楽鼓」が発足。山田家の子どもたちとともに、うちの子たちも参加した。楽鼓とほぼ同じメンバーで、キャラバンという、子どもたちの演劇集団もできた。毎週集まっての練習は、子どもたちも楽しそうだったし、子どもたちが少なかった時は親も太鼓を叩かせてもらったので、楽しかった。私のお気に入りは、三宅島太鼓だ。腰を落としての横打ちは、実に気持ちがよい。日本の芸能に基本的な、この腰を落とした姿勢が、いかに心身をしゃんとさせるか体得した。練習の後は、子どもたちは遊び、親同士もおしゃべりができて楽しかった。

　それから、女優の浜崎けいこさんの朗読勉強会も始まった。朗読というと、アナウンサーの「正しい日本語」という印象が強いけれど、浜崎さんは役者さんの朗読だから、お芝居の、仕草がないだけだ。言葉にいかにイメージを乗せるかが勝負だ。お行儀よくしていては朗読にならない。恥も外聞もかなぐり捨てて、

自分を押し開いて言葉を発する。その時、自分の殻を破った、と思った。それまで、がんじがらめで、はずすことができないと思っていた自分の殻を、イメージと共に言葉を発することで、内側から破ったのである。だから、浜崎さんは私の師匠であるとともに、恩人なのである。

小川直美さんのクレパス画教室も、この頃開始されたと思う。形にこだわらず、色と遊ぶ小川さんのクレパス画。形を重視しないから、上手下手がなく、みんな違ってみんないい、とはこのことと実感できる活動だった。

そして、この頃、なぜか一時期だけ、コスモスコモンで演劇のワークショップがあり、なぜかこの時期だけ、秋田のわらび座の本部で、やはり表現活動のワークショップがあり、私が自分を開くのに必要な活動が次々に現れた。

私は、音楽や図工や美術は成績は良かったけれど、いつも、それは技術的にうわべが上手なだけで、本当の自分は表現できていない、とずっと感じていた。しかし、これらの色々な表現活動の中で、本当の自分を表現できるようになっていった。本当の自分を塞いでいた蓋のようなものが取れ、本当の自分が息がつけるようになった。表現できることこそ、生きることだと、心底思った。

そして多分その頃、それまでいつも胸の中にいた、食い入るような孤独感というものが、ある日ふと、いなくなっていることに気付いた。山田さんにたくさん話を聞いてもらい、そして、たくさんの表現活動に出会わせてもらったことで、私の心は息を吹き返したのだと思う。感謝してもしきれない。

その後、福岡市と飯塚市で「子どものためのドラマスクール」が始まった。山田さんから計画を聞いてわくわくし、もちろん、私と子どもたちも（最初は娘だけ。後から息子も）参加した。山田さんや私は、スタッフとして参加した。

ドラマスクール　第3期

ドラマスクール　第6期

スタッフに対する、太宰先生の表現教育講座は興味深かった。「日本の芸術教育は、技術からスタートする。しかし、本来表現とはまず内的なイメージがあって、それを外に表出することである。その表現をより良いものにするために、次に技術がある。力のある表現は、時に技術を越える。」イギリスでの表現教育現場の映像も、実に心惹かれるものだった。太宰先生には、レポートを褒めていただいた。表現することは、私にとって切実なことだし、表現することを常に考えていたからだろう。しかし、いいレポートを書く人間がいい指導者になれるわけではないという、見本みたいなものでもあった。ドラマス

タッフは難しかった。「リードせずにガイドせよ」と言われるけれど、つい予定調和を求めてしまう。第2期が終る頃、スタッフを続けるかどうかかなり迷った。しかし、子どもたちの表現の現場を離れたくはない。

その時、参加者の保護者から、「発表公演の時の子どもたちは開放されていて素晴らしいけれど、それまでの過程がわからない」という感想を聞いた。その頃、ドラマスクールでは、保護者がいると子どもたちが萎縮するからという理由で、保護者は子どもたちの普段の活動を見ることは出来なかったからである。「これだ」と思った。スタッフは無理でも、記録係ならできる。それから、ドラマスクールの記録係を始めた。毎回の活動内容をニュースとして次の回に配布する。第3期から始めて、現在17期に入ろうとしている。これだけの記録が残っている子どもたちの表現活動というのは、他にはないのではないかと、ちょっと自慢に思っている。

私の本職は産婦人科医だ。だから、お母さんから赤ちゃんが生まれるところも素晴らしいと思うけれど、でも、子どもたちから表現が生まれる瞬間はもっと素晴らしいと思う。その現場に立会いたくて、ずっとニュースの係をやっている。

ドラマスクールは17年目を迎え、OBたちが即興演劇集団を作るまで成長した。昔、「特別な人たちだからやれるのね」と思ったインプロを、ドラマスクールのOBたちがやっているのを見るのは、特別な感慨があるものだ。

山田さんは忙しくなって、ドラマスクールになかなか関われなくなっておられるけれど、やはりドラマスクールのキーマンだと思う。

ドラマスクールには、子どもが見えて、かつ芝居が見える人が必要だからだ。どちらか一つでは足りない。芝居は事実ではないが、真実でなくてはならない。大人の側が形だけを整えようとし始めた時、子どもたちの顔が曇るのを見逃さないのも山田さんだし、今一つ真実の前で足踏みしている子どもたちに、それでいいのか？と指摘できるのも山田さんだ。

詳しく書かなかったけれど、山田さんと一緒に、飯塚子ども劇場の運営に参加したのも、良い思い出だ。子ども劇場活動は、様々な文化活動とつながっている。子どもを通じて広がる世界というものを見せてくれる活動だった。各地の例会を追っかけしたり、各地の交流会に参加したり。佐渡島まで、子どもの舞台芸術祭典を見に行ったりもした。山田さんの近くにいると、いつも何か面白いことに出会えた。

子ども劇場の活動はさらに発展して、NPO「もしもしキモチ」と「子どもとメディア」に発展した。子どもたちにとって今必要なことは何か？という問いから、全ては始まっていく。もちろん、いつも中心に山田さんがいる。私も理事として参加しているが、山田さんほどの行動力がないので、いつもあまりお役には立たず、微力にて参加している。

そして「子どもの村」、そして「ぷろほ」。山田さんの、全力をあげて子どもたちのために活動される姿は、本当に頭が下がる。闇の中の一筋の光の道を見てしまわれたから、一生かかってその道を行かれるのだろう。私も後ろの方からついて行きながら、山田さんを人生の先達として、ずっと一緒に活動していきたいと願っている。

Ⅲ．お礼のことば

第1部　お礼の太鼓演奏の前に　　次男・宗範

　本日は、わがままなわが母のためにこんなことをしていただき、本当にありがとうございます。みなさんは、おそらく九州大谷短期大学の学生として、または、その他いろいろなところで、山田眞理子を大人として見ている方が多いと思いますが、子どもから見た山田眞理子はどんな人かということを少しだけお話したいと思います。

　当然ながら、私は生まれた時から母が山田眞理子でした。生まれた時からこの母しか知らないんですが、今、大きくなって思うに、本当にこの人を見ていると、自分は「忙しい」と言えないなと思います。「この人に比べたら、あーなんて僕は暇なんだろう」と普段思っています。時間の使い方が凄まじいです。

　「今日はどこにいるの？」と聞いたら、「長崎。で、夜は東京」とか言うんです。時間の使い方も凄まじいですが、時間を使っている内容が、いつも自分の信念に添っているというか、ひとつの信じる方向に向かってやっているのを見ると、「自分の時間って、そういうふうに使うもんなんだなぁ」と思って育ってきました。

　だから、「僕がいつも僕のやりたいことばかりやっているのは、こんな親を見て育ったせいだから仕方ないよね」と母のせいにして自分を肯定している次男です。

長女・寛子

　私は弟より4歳年上で、おそらく母の初期の頃の学生さんだった方の中には、私が母の背中で「あぱぱぱぱ～」って赤ちゃんだった頃、私に会った方もいらっしゃるのかなと思っております。

　私が物心ついた時には、九州大谷短期大学の人たちはお姉ちゃんだったのが、いつのまにか同い年になり、いつのまにか随分若い10代の子が母の生徒なんだと思うようになり、月日が経つのは速いなぁと思います。その間、ずっと母がここにお世話になっていたというのも、またそれはそれでものすごく歴史があってすごいなぁと思っています。

　私が母を表すとしたら、二つ考えつく言葉があります。一つは「思い立ったが吉日」です。母は思いついたことはその場で「あっ、あれしよう！」と思った瞬間に、受話器を手にとって電話をかけてるんですね。そんな感じで、どんどんどんどん何でも決めていってしまいます。これはもう、本当に、「あぁ、母だなぁ」と思います。

私は今社会人なので土日も結構忙しくしています。そんななか「最終講義は一生に一度だから、聴きに行こうかな」と思ってなんとかやりくりをして、今日ここに来ました。先日母に、「最終講義、私、聴きに行けるかもしれない」と言いました。すると母は、「あ、本当！　じゃあ、むーと一緒に太鼓叩いて」と即答したんです。私は慌てて「お母さん、私は最終講義だから聴きに行こうと思うんだけど」と言ったら、母は、「えっ、何にもしないのに来ても意味ないじゃない。そんなら無理して来なくていいわよ」と言ったんです（笑）。

　もうこれを聞いた時、私は、「あー、これが母だな」と思いました。二つ目の母を表す言葉は、「踊るアホウに見るアホウ、同じアホなら踊らにゃソンソン」（爆笑と拍手）。

　もう本当に、このまま60歳を過ぎても母は、こんなふうにみなさんを巻き込んでやっていくんだろうなと思います。母は今日のことが楽しみで楽しみで、昨日は夜9時を過ぎると、「私、明日があるから、もう寝る！」と言ってさっさとベッドに入りました。そんな子どもっぽいところもある母なので、今後も是非、末永く母の思いつくことに付き合っていただけたらと思っております。どうぞ宜しくお願いします。

最終講義の後に　　山田眞理子

　本日は本当にたくさんの方にお集まりいただき、また一芸持ち寄り出し物大会のような、楽しいひとときをいただきまして、生きながらにしてこのような場をいただきますことを本当にありがたく感じています。

　と言いますのも、次にこれほどの方が私のために集まってくださるのは、きっと葬儀の時だろうと思うからです。実は、私は自分の葬式は自分でコーディネイトしたいと思っていて、会場は嘉穂劇場で、私の写真を花道において、参列者がそれぞれ舞台で私に最後のメッセージをしてほしいと、思っているのです。会場押さえと葬儀委員長は、今日の司会の佳代ちゃんに頼んでいて、何人かの人には、これ踊ってねとかこれ演奏してねなどの出し物の予約もしています。しかし、それは私自身は見られないのですよね。

　自分が一番見たいものを自分は見られない……。でも、今日はその予行演習のような舞台を見ることができたことが、とっても嬉しいです。私の葬儀の時は、みなさん、今日より一段と上達した姿を見せてくださいね。

　私は退職後、「子どもと保育研究所ぷろほ」を立ちあげ、保育者のスキルアップと保育者養成に関わる教員の総合的な学びのための講座を展開してゆきます。

これは一つには60年史にありますように河合先生の告別式の時に、河合先生の遺影に「先生、そちらに行ったらまたいろいろ話して聞かせてくださいね」と話しかけた時、河合先生の声が「あんたも話せることしてからきいや」と聞こえたことが大きなきっかけです。
　また一方で、保育士養成の大学も、保育現場も今大揺れに揺れている中で、私には子どもたちの方からは一筋の光のように「私のそばにいてほしい人」「ぼくを安心させてくれる人」を求める声が届いてくるのです。大学がどう揺れようと、保育行政が総合子ども園になろうとなるまいと、子どもが求めるものは変わらない、そう気づきました。
　「子どもが求める保育者を養成すること」、このことが一筋の光となって自分に向かって延びて来ているのを見てしまったら、もうそこに向かってゆくしかない私です。しかし、そう決めながらも、何度も本当に大丈夫だろうかと惑い、さまよい、やっぱり研究所なんてやめた方がいいかなと、立ち止まりそうになりました。周りからも、「今は止めた方がいい」「採算は取れない」「今の保育現場にそんな余裕を持って来る人はいない」などと止められました。しかし、そんな時に私の背中を押してくれたのは「愚禿釈親鸞」の舞台です。
　「光が見えてしまったからには、導きのままにただひたすらに行くしかない」わけですし、光が見え、自分のするべきことが見えているのに、採算などという不安のためにとりやめる生き方は、私にはできないのです。親鸞聖人の時代と比べれば命の危険性がないだけでも、ずっとましなわけですから。

　でも、それができるのも、生活を支えてくれている主人がいて、自分の行く道を自分で歩んでくれている子どもたちがいるからだと思います。だから私は、他の人たちのために自分を使うことができるのです。最後に家族に感謝して、終わりたいと思います。こんなわがままな私につきあってきてくれてありがとう。
　皆様これまでありがとうございました。これからもよろしくお願いいたします。

山田眞理子60年史

1951年11月3日
眞理子誕生。父　藤縄勝彦（27歳）群馬大学工学部助教授。母　嘉代子（23歳）の長女として生れる。

1954年11月10日
「おねえちゃんアイデンティティ」
弟　明彦(あきひこ)が生まれる。なんと、眞理子が弟の名づけ親である。母嘉代子はつわりがひどく、弟を妊娠したころから寝ていることが多くなり、眞理子はよく母の横で絵を描いて過ごしていた。弟をよく可愛がる良いお姉ちゃんだった。自分で自分のことをずっと「おねーちゃん」と呼んでいたことからも、そのアイデンティティーが一番強かったことがうかがえる。母が弟を出生後、アパートから織姫町の一戸建てに転居。父の実家は隣町の足利。母の実家は同じ市内の町中にあった。

1956年　幼稚園時代
「セラピストの原形ができる」
2年間、南幼稚園に通園。だいたい、クラスのまとめ役だった。特にパニックを起こす女の子の係だった。このころから「山のアトリエ」に通い始め、それ以降高校2年生までアトリエメンバーとして過ごす。数々の絵画コンクールにも出品。

1958年4月　小学校入学
「教員の原形ができる」
昭和小学校に入学。この頃は学校の先生の安保反対デモがよくあり、その度に先生は「眞理ちゃん、小さい先生お願いね」と言って出かけ、眞理子が授業をしていた。

絵画では小学校2年生の時、動物画コンクールで全国一位（文部大臣賞）となる。5年生までのびのびと成績も全て5以外は取ったことがない状態で過ごすが、小学5年生の秋の台風で隣の家の工場が崩壊したことで、母が川のそばは嫌だと言いだし、市内の大学官舎に転居。転校。

北小学校6年生に転入。

いわゆる、転校生らしいおとなしさや謙虚さがない眞理子は、担任から様々ないやがらせにあう。ある時の授業の中で「あなたは運命を信じますか？」と問われたことがあった。先生は「運命に任せるか？努力して切り拓いていくか？」の問いをされたらしい。「運命を信じる」という方にたった一人手を挙げた眞理子は、担任から「あらそう！じゃあ、あなたは努力しないのね！」という蔑みの言葉を投げかけられ、その思いもしない先生の言葉に驚愕した。眞理子はそのころ獏然とだが、「私の人生は、私が決めるものではなく、すでに生まれた時にきまっているのだろう。私はそれを知らずに生きているだけだ。そして、

いま努力することも、努力したくないことも、その中で決められていることなのだから、安心して自分の生きたいことに力を尽くせばいいのだ」と感じていた。それは努力しないということではなく、「努力も自分の力ではなくもっと大きなものに守られているのだから、努力の結果を不安がらなくていい」というようなニュアンスだったのだが、いま考えると11歳にしてなんと浄土真宗の教えに近い思いをもっていたことだろう。ぼんやりと感じていたこのような思いを、この先生の言葉によって問い返され、ショックから数ヶ月かかって自分の中で次第に明確なことばにしていった。

そう考えると、この先生がいたおかげで、自分の中の信心に気づかせてもらったといえるのかもしれない。この先生は、今でも好きではないが、この出来事に関してはとても感謝している。

1964年4月～　中学生時代
「激動！激怒!!の思春期」

中学は住んでいた官舎が田舎にあったため、越境して北中学校に入学。テニス部に入り、その時の中学3年生のキャプテンに初恋。中学1年のクラスは抜群に仲がよく、川連先生（ズレさん）、小林君、宮嶋君、堀君とはいまだに交流がある。

女子3人、男子3人で徒党を組んで、防空壕探しなどの冒険ごっこをしていた。

北中学校は、市内でも荒れた中学のうちに入り、Iくんという少年院を出たり入ったりしていた子が中心となって、街で事件を起こしていた。

中学2年で生徒会長になる。高橋君、須永君という副会長を従え、「あいさつ運動」や「一円玉貯金」、「ベルマーク運動」などに取り組み、卒業式で送辞を読む…。

しかし、その送辞の原稿は、眞理子が「放課後の補習が始まって、放課後がなくなった」「進学組は補習を受け、就職組はクラブをしていていいというのは変」などと書いたものだから何度も先生が書きなおし、とうとう眞理子自身もキレて「先生が書いたものを読むなら私でなくてもできます。他の人にさせてください！」と言って辞退しようとした。担任が自宅に来て、そのいきさつを両親に説明し、親から説得してくれと頼んだ。

しかし、話を聞いた父は「眞理子のいうことが正しいと思うので、そちらが眞理子の書いたものを読ませるか、先生の書いたものを他の子どもに読ませるかだと思う」と言った。実はこのエピソードは、当時の毎日新聞「教育の森」に掲載された。父が眞理子を連れて東京の毎日新聞まで行ったのである。

その卒業式の時に、3年生の一部が卒業式に出ず、裏山にいたということと、卒業式後、人のいなくなった学校に戻ってきて、学校のガラスを数十枚割るという事件が勃発。その年、北中学校は、23人中、18人の教員が入れ替わるという前代未聞の左遷劇となる。

新しく入ってきた先生方は、熱心で子どもたちを引きつけるタイプの若い先生とアル中の使えない先生と厳しい官僚タイプの先生で、3年生になった生徒たちも戦々恐々としていた。

5月の生徒総会の時、突然教頭から「生徒会廃止」が告げられる。非行系の生徒たちが眞理子に詰め寄り「生徒会長！あんなこと言

わせていいのか！校長室に座りこもうぜ」と言う。優等生の副会長は動かない。眞理子は、非行系の少年たちと一緒に「生徒会廃止の撤回」を求めて、校長室に座り込んだ。

結局、生徒会は復活し次の生徒会長選挙に向かった。次の生徒会長は眞理子のようなやんちゃではなかったので、先生方はずいぶんホッとしたことだろう。その年の卒業式は、やはり何かを企んでいたらしい生徒たちを、その生徒たちから信望のあった体育の先生が山に連れて行って、卒業式の時間を山頂で迎えたという努力のおかげで、無事に済んだ。

「中学３年生にして部活を創部⁉」

また、新しく来た先生の中に前の中学で演劇部顧問をしていた先生がいた。何故かその情報を知った眞理子は、「演劇部」を創部し、顧問をお願いした。

卒業祝賀会では、眞理子が脚本と主役を兼ねて「破られたテスト表」という劇を演じた。

当時の中学校は、試験のたびに総合得点の学年順位を廊下に貼り出していた。そのテスト表がある時に破られていたということから始まる劇であった。先生方は、成績の悪かった非行少年たちがしたと決めつけて、犯人探しをする。非行少年のボスを眞理子が演じた。

しかし、実は犯人は、その試験で成績が落ちた優等生だったという結末で、最後に全員で「雨にも負けず」を群読して終わる劇だった。これも、教頭には気に入らなかったらしく、顧問の先生は、一年で左遷されてしまった。このことに心を痛めていた眞理子は、今から10年前、35年経ってこの先生に会った時、やっと謝罪できた。

1967年　高校入学
「駆け上がる青春！」

母の出身校でもある群馬県立桐生女子高校に入学。軟式テニス部がなかったので、陸上部に入部。

体の柔らかさをかわれてハードルを専門とする。女子高校特有の自由さのなか、他校の陸上部の長距離選手にあこがれ、この頃よりランニングを黙々とするという習慣が身についた。

広島に転校

高校３年になる時に、父が広島大学に転勤。広島観音高校に転校。男女共学に慣れず、受験に向かう毎日のなかであまり所属意識がないまま卒業。でも、同級生にはインパクトがあったらしい。

受験勉強は朝型。体力も受験勉強のうちと自分で決め、午前３時に起きて勉強し、６時から一時間ほど黄金山に駆けのぼる。頂上で日の出を見て体操をして帰宅。朝食をとって学校へ…という生活。好き嫌いがあっては受験に勝てないと思いこんで、必死に偏食を直したのもこのころ。勉強中はテープに撮った落語を聞き流していたことから、受験までにいくつかの落語を覚えてしまった…というちょっと変な受験生であった。

1970年　広島大学教育学部心理学科へ

「女の子は自宅から通学」という親の言いつけもあって広島大学を受験。心理学科は倍率16倍という難関だった。当時はセンター試験などなく一発勝負。しかも、行きたくないところを受けてもしようがないと、滑り止め

など受けていない。受験当日の朝に扁桃腺炎のため、内科を受診してからの受験という凄まじい当日。今の高校の進路指導だったら許されなかっただろう。何故か合格して、教育学部心理学科へ。

新入生歓迎会で落語をやったことで、先輩達にノセられて「広大落語研究会（オチケン）」を結成、初代部長になる。「上茶亭どきどき（あがっちゃってー）」という高座名だった。

一方で、大学時代に一度は国体に出てみたいという念願があり、群馬生まれと経験がいかせるスキー部に入部。落研は２年生から他のメンバーに任せ、スキーに専念。

「思い込んだら一直線」

「年間100日雪の上」を目標に２年生、３年生を過ごす。後期試験はスキー場から夜行列車で大学に帰って受験し、そのまままたスキー場へという強行軍。おかげで大学３年時に島根国体に出場。県大会、中四国大会では優勝を続けた。

しかし、雪の上で春を迎えるようでは就職活動には間に合わず、大学４年の夏ころになってハタと自分の進路が決まっていないことに気づく。しかも広島大学の大学院試験は夏、もはや間に合わない。加えて、そのころ付き合っていた人は堅実に教員試験に合格し、故郷に帰るという。眞理子はその故郷にコンパスを置き、彼と行き来が出来る距離＝半径100km以内に大学院があるか探す。すると、京都大学があった！京大の大学院試験は２月。まだ間にあう！

まさかの大博打の大学院受験。父には「大学を出たらもう勝手にしろ」と言われ、母には「絶対に受からないから大丈夫」と保証されての受験。しかも、仕送りはない約束だったので、京都大学近くの児童相談所のバイトを先に決め、大学院に落ちても研究生で京大に来ることにして…と、パニクっているとしか思えない選択をする大学４年の眞理子であった。

1974年　京都大学大学院へ
「恩師 河合隼雄先生との出会い」

京都大学大学院にまさかの合格。京都の生活は、眞理子の心理臨床の基礎となってゆく。

大学院修士の１・２年の時の河合隼雄先生の授業のテープ起こしをし、まとめ直して書き写す毎日が写経のように眞理子を育てた。これは河合語録として研究室で読み継がれ、のちに著作集の一部として出版された。

さらに河合先生の没後、著作集に収録された。（『生きたことば　動くこころ〜河合隼雄語録〜』（河合隼雄／著　河合俊雄／編　岩波書店））

大学院の授業を受けながら、週に２回は京都府児童相談所の療育センターのセラピストとしてプレイセラピーを行っていて、夜は不登校の子どもの家庭教師なども行っていた。この療育センターを通して保育現場とのつながりを持ち、その時に「毎日子どもと会っている保育者が心理治療的な関わりを少しでもできれば、子どもたちの発達はもっと促されるし、ひょっとしたらつまずかないで済むかもしれない」との、後に保育心理士資格創設につながる認識を持った。

河合先生には可愛がってもらい、博士課程１年の時は文部省派遣による東南アジアの日

本人学校の子どもたちの学術調査メンバーとして、教育各分野の京大の教授と院生一人が調査団として組まれた時に選んでいただき、1週間フィリピンとシンガポールをご一緒させていただいた。

心理学的に多方面からの刺激を受けて、人間観や臨床観が培われた時代。

河合先生とマニラにて

「主人・宗良との出会い」

当時、京大、広大、九大の臨床心理の院生が集まって三大学院合同研修会が行われていた。D2（26歳）の夏の三大学院の懇親会に遅れてやってきて、眞理子の前にドカッと腰をおろしたのが九州大学医学部の山田宗良だった。

初対面で眞理子は何を思ったのか「私はあなたと結婚するかもしれない」と突然言っている。「そうかもしれない」と主人は言ったが、だからといってそれから何やかやを話したわけでもない。気のおけない飲み仲間として、それから数年間は、主人が京都に来るたびに仲間と一緒によく飲んでいた。

その当時、眞理子は別に気になる人がいたし、主人もお見合いなどをしていたらしい。岐阜の中井久夫先生の講座に行くために毎週車に乗せてもらったり、学会の時には他の人たちと一緒に飲んで、そのまま、山中康裕先生のお宅に泊めてもらったり、本当に飲み友達兼学友だった。山中先生のお宅に泊まった時は、先生は何を勘違いされたか一部屋しか用意してくださらなかった。二人は、荷物を間に積んでバリケードを作って同じ部屋に寝た。後日、二人の結婚が決まった時に山中先生が「実は二人のキューピットは私だ」と周囲に言って廻られたことを、結婚式のスピーチで伺った。

1980年
「九州大谷短期大学就職への道」

大学院5年間の後オーバードクター1年目の冬、突然河合先生に呼ばれて「九州の短大から就職の話があるがどうか？」と聞かれた。眞理子が九大の神田橋先生のところにスーパービジョンを受けに通っていたことを知ってのことでもあったし、その1年前に関東地方の大学からの求人に「今気になる人がいるので」という理由で断ったことで、河合先生は「西ならいいのか？」と思ったということを後で知った。

オーバードクターをそう何年もする気もなかったし、何より「幼児教育学科」というのが、私がしたかった「心に寄り添える保育者養成」に近づけるだろうとの思いから受けることにする。

副学長（桑門豪先生）と学科長（青山政雄先生）の面談は京大の和田教授の研究室であっという間に終わり、翌4月に就任ということになったが、カウンセリングや療育センターをそんなに急にやめるわけにはいかず、

半年は京都と九州を往復することになる。

「関西から九州へ通いながらの講義」

筑後の短大を見た私は「ここは車を運転できなければ仕事にならない」と焦り、京都で免許を取得。高速道の運転の練習に主人に隣に乗ってもらった。この時、主人の父が嵐山に来ていて、なぜか嵐山まで運転して義父に会うことになった。義父はこの時に「この人が嫁さんになるんだろうか？」と直感し、主人に「あの人を嫁さんにしたら、お前の面相とあの人とでは生まれる娘がかわいそう」と反対したと後で聞いた。しかし、娘・寛子が生まれた時は、「桐生のお母さんに似て美人でよかった」と手放しで喜んだそうだ。

眞理子が九州から関西に戻る時に、最終の新幹線で大阪に着いて、当時、新大阪の近くの一軒家に一人で住んでいた主人の家に泊めてもらったこともしばしばだった。そのことが周囲には「二人は出来ている」と映ったらしい。眞理子は京都のお母さんを自認しておられた三好佐和子先生（精神科医）に呼ばれ、「そんなことをしていたら周囲に誤解されるし、臨床家として決していいことじゃない。京都まで来てうちに泊まりなさい」と叱られた。佐和子先生は、深夜に着く眞理子のために左京区のご自分のマンションの鍵を貸してくださった。今考えると、たくさんの先生方に守っていただいた京都時代である。

「いよいよプロポーズ!?」

後期から九州に居を移し、10月京都からの荷物を載せて車で九州まで移動する時、余りの長距離の高速運転は怖くて、主人に運転してもらった。

そして、寮の2階の202号室に荷物を入れて一落ち着きしてお茶を入れた時、主人が突然、眞理子に「なんで私らは結婚せんのかね？」と問う。「あなたが、結婚してと言わないからじゃない？」「だったら言ったら、うんていうと？」「そうやね」……これがプロポーズと承諾の会話。

それからは大阪と九州という遠距離。毎日10時以降は寮監の部屋の電話はふさがっていると有名な話。

12月にお互いの両親に話すことになった。

1981年8月22日結婚式
「大学を辞める？辞めない!?……育休へ」

1月、お互いの両親も承諾して8月に大阪で結婚式と決まる。眞理子の両親は、この歳になって結婚を反対したら次はいつになるかわからないという判断だったらしい。眞理子は桑門学長に「結婚するので辞めたい」と申し出る。就職して1年もしない時である。

桑門学長は眞理子に「結婚が決まったなら、もうあなたに決定権はないのだから、ご主人になる人を連れてきなさい」と言う。大阪から主人に来てもらって、桑門学長が主人に「あなたはこの人を家に入れるつもりですか？」と問う。主人曰く「この人は今は家に入りたいと言っているし、子育ての時は自分で育てるのが臨床家として堅い決心だと思うが、子育てがすんだら家で納まる人ではないと思います」と。

桑門学長は、今度は眞理子に「私はすぐに辞めてもらっていいような人を雇ってはいません。育児休暇を取ってかまいません。何年

要りますか？」と尋ねた。眞理子は即座に「10年ください」と答えた。「なぜ10年ですか？」と学長が問い、「私は子どもが3人ほしい。3人目が3歳になるまでは24時間自分で育てたいので、大体10年かかると思います」と眞理子が言うと「3人目が3歳までですね」と了解してくれた。結局、眞理子は3人目の子どもである次男が保育園に行くまで11年間育児休暇をとった。なぜ3人かというと、ここにも河合先生の教えがある。「親子が価値観を学ぶものであるとすれば、兄弟は関係性を学ぶ対象である。2人兄弟では、その関係性は一つしかないが、3人になると、その関係性の数は6倍に跳ね上がる」と、河合先生は言っておられた。

　結婚式は、いわゆる、出し物が一切ない披露宴であった。村山正治先生ご夫妻の媒酌の元、河合隼雄先生、神田橋條治先生、加藤清先生、中井久夫先生、三好暁光先生など、心理臨床家からいえばどの先生の講義も聞きたいと思うような先生方のスピーチが並び、最後に山田の父が挨拶で「決して若くはない二人ですが…」と爆笑を誘って、お開きになった。

　式は大阪で、披露宴は大阪と博多と2回させていただいた。主人の父は博多の魚市場の理事長を20年勤めた豪傑であり、主人は後を継がないまでも長男であるから、お披露目が必要だとの理由であった。

　さらに、友人たちと3度目の披露宴の時、仲人の村山先生は細かくアドバイスする会場の方に、「大丈夫。この人たち、初めてじゃないから」と言って、ホテルの方が一瞬固まった。

1982年4月21日　長男宗和（むねかず）誕生

　育休の間11年間は、2科目を担当し、各3日間の集中講義で任を果たしていた。このころ、幼稚園や保育園の一時預かりなどがなく子どもを連れての講義を行っていた。大阪に住んでいたため、集中講義の3日間、主人が有給を取ってついて来てくれていた。主人は宿直室で子どもを寝かせ、起きたら抱いて「おっぱいを欲しがっているよ」と講義中の眞理子の元に連れて行くという塩梅だった。

　秋、暇だった妊娠中に執筆していた初めての著書『今、創造保育を』を海鳥社より出版。

1983年11月19日　長女寛子（ひろこ）誕生

　このころの集中講義では、長男・宗和を教室の最前列に座らせ、──おとなしく授業を聞く一歳児であった──、長女・寛子をおぶって授業を行う。おしめ換えの授業など実地で行う。自動車免許を持ってはいるものの運転をしていなかった眞理子。主人の運転で大学へ来ていた。講義中、主人は宿直室で漫画『ガラスの仮面』を読破していた。

1983年
「なぜ、穂波に家を？」

　当時住んでいた大阪あたりで我が子を預

けられるような保育園・幼稚園を探していたが、眞理子の納得のいくような園は見つからなかった。九州大谷に来て、当時の総務課長だった斧山先生に誘われ、常楽寺保育園の生活発表会を見る。そこで、3歳児の攻撃性の発散をしっかりやっている「創造保育」と創設者の島崎先生に出会った。「創造保育に子どもを入れたい！それなら穂波に来るしかない。島崎先生のお宅にも近いところが良い！」ということで、穂波に家を建てることにした。

福岡県穂波町（現飯塚市）に新居を建てる。主人は大阪回生病院に就任期間が残っていたため、引っ越して来るまでの間、家を守るため教え子の保育士2人に住んでもらっていた。

「山田家に下宿人が住む訳」

長女・寛子の首が据わった1994年3月末に福岡県穂波町（現飯塚市）の新居に引っ越す。

山田家には、引っ越すまで家を守っていた保育士の後も、教え子達の保育者が下宿人として住んでいる。現在6代目。

家にいる時間が多ければ、自分の性格上、子どもが小さい間は絶対管理すると思っていた眞理子は、子どもを管理しないためには、他人の目が必要だろうと考えた。そこで、教え子の保育士を家に下宿人としておくことにした。そうすれば、教え子へのプライドから「山田先生、学校ではあんなこと教えているけど、家では・・・」と言われたくないから、教えたことと違わない子育てをするだろう。教えていることと、子育てがずれないよう杭をうつ意味で教え子を我が家に入れた生活をしてきた。

このころ眞理子は、子どもたちの日常を書き記した家庭新聞「雑草園」（通称親ばか新聞）を、祖父母はじめ恩師と思う方々に毎月送りつけていた。毎月1回、1月と8月を除いて年に10号を5年間。50号までが作成され、神田橋先生や中井先生、山中先生からのコメントも掲載されている貴重な子育ての記録である。

家庭新聞「雑草園」

1986年
飯塚こども劇場　入会

　創造保育の創設者の島崎先生は、飯塚こども劇場の創設者でもあり「子どもが４歳になったら子ども劇場に入りなさい」という言葉通り入会し、サークルを作り、サークル長になり、子どもと舞台鑑賞や体験活動を行う。その後の眞理子のNPOなど社会活動の基盤は、この子ども劇場活動にある。

　その後、運営委員長となり、会の中心として「子どもと芸術・文化」の活動を行う。多くの創造団体（劇団や音楽・芸能団体）と出会い、交流を深める。また、子どもを取り巻く様々な問題に取り組む。この時に出会った県内の子ども劇場の中心メンバーとは、その後今なお数々のNPO活動で協同していくことになる。

1987年８月26日　次男宗範(むねのり)誕生

　長女寛子が、１歳の時に心臓手術をしたことから、しばらく３人目にためらいがあったが、４歳近く離れて次男誕生。

1991年４月
「自宅にホールを作る！」

　この年、それまであった飯塚市文化センターが閉館になり、子ども達の観劇に丁度いい100人規模のホールがなくなったことで、「それなら自分で作ろう」と自宅横に小ホール「いおり」を建設。１階40坪のオープンフロアと２階に20坪の和室二間とミニキッチンがついた「いおり」は、飯塚こども劇場の数々の活動に使われ、ここから多くの文化が誕生した。

　ここで乳幼児サークル「どろんこクラブ」が誕生。子ども劇場に入会する前の３歳までの子どもたちと保護者が毎週集ってわらべ歌などで遊ぶ。このどろんこクラブの１期生はすでに大学生や社会人になっている。

　地域の秋祭りの太鼓を女の子は叩かせてもらえないのが不満な長女の言葉から、いおりを会場に太鼓クラブ「楽鼓」を結成。眞理子が知っている曲を始まりに、わらび座や田楽座の指導を受けて次第に持ちネタを増やし、「楽鼓」というオリジナル曲も作曲してもらったりして、子ども３人とも和太鼓を趣味に育つ。毎週木曜日の夜は楽鼓の指導にあてていた10年余り。

　同時期、子ども劇場の子どもたちの自主活動として生まれた子ども劇団キャラバンド。子ども劇場の広報に始まり、やがて自分たちのオリジナル作品を持って公演するまでになったが、ドラマスクールが生まれてそれに吸収されていった。というより、キャラバンドがあったから飯塚のドラマスクールのよいスタートがきれたと言えるかもしれない。

　福音館書店、年少版子どものともから、絵本『ぼくのいもうと　ひろこちゃん』が出版される。

1994年４月

　次男が３歳になり、約束通りの育児休暇明け。週１回より勤務を開始し、それから１年に１日ずつ増やして、15年目に週４日勤務の常勤に戻る。眞理子はこの間、子育てを主にした生活をさせてもらったことがその後の子どもの発達理解に大きく寄与したと、深く感

謝している。

週4日の常勤勤務に戻った年、大谷にて児童文化研究会「つくしんぼサークル」を立ち上げ顧問となる。このころから、少しずつ髪の毛に紫色が入ってくるようになったようだ。

1996年

子どもの創造表現活動育成事業として、子ども劇場福岡県センターと福岡県と飯塚市が協同して「子どものためのドラマスクール」発足。飯塚の制作として関わる。子どもの心理的発達と演劇的表現とが眞理子のなかでつながっていった活動であり、子どもたち3人とも参加して大きな影響を受けて育った。(『子どもたちの輝く時を求めて』(1998)エイデル研究所、『ドラマという名の冒険』(2012)中川書店)現在は、制作の一線から退くが、ドラマスクールを支える会代表として参加者の子どもと大人を支えている。

父の死をきっかけに得度。
真宗大谷派　法名　理璋。

1997年

子育て実践から生まれた発達論をもとに『機微を見つめる～こころの保育入門～』をエイデル研究所から出版

1998年～
「毎年このころ」

眞理子は子ども劇場の定例舞台鑑賞会で出会った創造団体の中でも気に入った方たちと個人的な付き合いが深まるクセがあるが、人形劇団「おひとり座」の西川さんもその一人。

ある時、西川さんが大きな手術をされた後、元気になって退院されたというので、退院祝いと称して食事をしていると「山田さん、僕ねぇ、悪性腫瘍で切除しなきゃだめだと言われたんだけど、それをすると足が曲げられなくなって人形劇ができなくなっちゃうから、病巣を残して手術したんだよね。だから10年後の生存率30％なんだよ」と言う。とっさに「それじゃあ、これから毎年『いおり』で西川さんの公演やりましょう。そして10年後を一緒に迎えましょう！」といった言葉で始まった「毎年このころ」。毎年7月の第一土曜日にやりつづけて10年を無事に超えた。その後「今年もこのころ」「やっぱりこのころ」「今年はこのころ」と続いている。

西川さんとは、2012年2月末に一緒に東北に被災地支援に出かけた。

1999年

子ども劇場福岡県センターにて子どもとメディア研究会(後にNPO法人子どもとメディア)発足。乳幼児期のメディア接触実態調査・ノーテレビデーの提唱を開始する。この後、眞理子の研究課題の一つに子どもとメディア、メディア依存の問題が入ってくる。

2000年

子どもの心に寄り添える保育者の養成を形にするべく、(社)大谷保育協会にて「保育心理士」資格を立ち上げる。

2001年

特定非営利活動法人チャイルドライン「もしもしキモチ」設立。代表理事として、子ど

も専用電話の開設と電話の受け手（キャッチャー）の養成に尽力する。

2002年
九州大谷短期大学　幼児教育学科に児童福祉・心理コース設立

保育心理士資格を卒業と同時に認定する日本で初めての保育士養成コース誕生。心や身体に障がいを持つ子どもたちへの理解を深めながら、心の成長をサポートする専門家をめざす学生たちが集まる。

2003年

代表理事を務める子どもとメディア研究会で、乳幼児のメディア漬けに関する調査研究で内藤寿七郎賞受賞（日本小児科医会推薦）

2004年

『子ども・こころ・育ち』をエイデル研究所から出版

2006年

虐待を受けたりして親と一緒に暮らせない子どもたちへの家庭的養育を広げるため、子どもの村を設立する会理事となる。一方で、そのような家庭的養護の場として寺を意識した「子どもが育ち、巣立つ寺を願う寺院の会」を設立。寺院里親普及を展開しはじめる。

2007年7月19日
恩師・河合隼雄先生が亡くなる

告別式にて、眞理子は河合先生の遺影に向かって、「先生は1年間の意識不明の間に、いろんな世界を見ていたんでしょうね。そっちに私が行った時に、またいろいろお話を聞かせてくださいね」と語りかけると、河合先生の声で「あんたも、ちゃんと話せることしてからきいや」という言葉が返ってきた。この時、「短大の教授をしていることは、河合先生はもうご存知だから、ここから一つ新しいことをしないと浄土に行って河合先生に話せることはない」と思ったことが、「子どもと保育研究所ぷろほ」の設立に結びついていく。

2011年

3.11東日本大震災。両親が仙台に住んでいたこと、弟や長男が東北大学の出身であることなどの関わりから、夏以降、仙台を中心に被災者支援を実践。

2012年

九州大谷短期大学　退職。

「保育と心理」をつなぐための場として「子どもと保育研究所ぷろほ」を設立、子どもと子どもに関わる人々のため更に活動を続けていく…。

眞理子の人生はまだまだこれからだ！

第 3 章

最終講義

コンステレーション
～導かれて～

退職記念最終講義
コンステレーション
〜導かれて〜

　20代で就職してはや30数年、本日この最終講義に集まっていただいたことに深く感謝いたします。

　コンステレーションとは「星座の布置」のようなもので、「相互に関係はないけれど、ある視点から見るとそこに意味が浮かび上がってくるもの」という意味でタイトルとしました。今、人生を振り返ると、偶然に思える出会いや出来事がたくさん絡み合って、今の私に導いてくれたのだと感じるからです。

　本日は最終講義として、私の略歴の裏側のことをいくつかお話させていただきたいと思います。しばらくお付き合いください。

心理学を学ぶ

　私は実家から出ることを許されなかったという事情と、心理学が文系というより理系であるという心理検査の会社を経営していた伯父からのアドバイスで心理学への進学を決めました。

　心理学を学ぶということは、多かれ少なかれ自分の内面と向き合うということを伴いますが、進学した時点では、自分の内面に課題を抱えているという認識はなく、自分と向き合うことで自分を見失うようなことになるとは思ってもいませんでした。

　大学入学と同時に落研を立ち上げ、スキー部に入り…、などという表向きのことは60年史に譲り、心理学の専門課程に入った大学3年次は、いわば陽の当る所ばかりを歩いてきた私にとって、怒涛のような混乱期となりました。

　「相手に寄り添う」「相手の話を聞く」と言いながら、自分の価値観を押しつけ、アドバイスしようとする私を、「クライエントはあなたの話が聞きたくて来ているのではないよ」「我々は相手の人生に立ち入る資格はない」「あなたは踏み込んでいて、寄り添っていない」など、先輩たちが容赦なく私の自信を潰しにかかってきま

した。私は次第に、「私は毒を撒き散らしている」「私が存在しているだけで傷ついている人がいる」という想いに苛まれるようになり、6階の窓から飛び降りようとしたり、信号が赤に変わった途端に交差点に飛び込もうとしたりして、引きとめられるようなことが何回もありました。

「自分のこういうところが嫌いだ！」と自己否定に溺れる私に、先輩の大学院生が「あなたの中にはいろいろなあなたがある。たとえ他の誰かがあなたのその一面を認めなくても、あなただけは『これも私なの』と認めてあげなさい。そうでなければ、あなたの中で必死に生きている、そのあなたがかわいそうだろう？」と言ってくれました。それで救われました。20歳でした。当時、心理学を学び始めたころに出会った深さと恐ろしさは、今、学びつつある学生たちの不安や恐れと同じだったかもしれません。

クライエントに育てられて

それから40年、臨床心理の中で、私はクライエントたちの必死に生きようとする力から逃げることができずにここまで来ました。ここまで歩ませてくれたのは、私と出会ったクライエントたちといえるかもしれません。最終講義として何をお話しするかをかなり考えましたが、やはり、幾人かのクライエントとの出会いをお話しすることにしました。

私を育ててくれたのは、河合隼雄先生をはじめとするたくさんの恩師たちはもとより、命がけで私に問いかけてくれたクライエントたち、迷いながら歩み続けた学生たちもまた、私を育ててくれたと思っています。私のそれまでの学びでは、どうしても太刀打ちできない出来事に出会った時、私を突き動かすものは彼らの辛さ・苦しみでした。「ここで私が逃げてしまったら、彼らは真っ暗闇の中に一人取り残されてしまう…」、そんな思いが私をここまで導いてくれたのかもしれません。

一本の電話から

「私が役に立ったのではない。彼らが私を育ててくれたのだ」、そんな思いを実感したのは、昨年秋、大学にかかってきた一本の電話でした。

おずおずと「突然ですが、旧姓藤縄さんとおっしゃいませんか？」との声。うなずく私に「私、35年前に京都で家庭教師してもらった者です。当時、不登校だったものですから…」と話し始めました。

私の脳裏におぼろげな記憶がよみがえってきました。彼女が当時の事を説明するのを聞いたあと、今度は私がおずおずと問いかけました「私はお役に立てたのでしょうか…？」と。私は家庭教師を終える時、私の名前・住所・電話番号を書いた紙を渡したのだそうです。彼女の「今でも持っています。大学受験をする時も、結婚する時も、これは私のお守りでした」という言葉に、今度は私の方が「ありがとうございます」と、思わず電話に頭をさげました。

　彼女は、私がずっと心理学を続けているだろうと信じ、時々、心理学の本などを見ていたと言いました。恩師・河合先生が亡くなり、2009年に私の大学院時代のノートをもとにした河合語録が、『生きたことば　動くこころ〜河合隼雄語録〜』（河合隼雄／著　河合俊雄／編　岩波書店）として出版されました。その本の序文に、「山田眞理子（旧姓藤縄）さんのノートをもとにしたもの」と書かれていたことから、彼女は私の結婚後の名前を知り、インターネットで検索して勤め先を探し当てたと言いました。

　「ありがたいこと…」感謝の気持ちでいっぱいになりました。恩師の死が、35年の年月を超えて彼女と私をつないでくれたのです。彼女はもう50歳を過ぎ、結婚して四国に住んでいるといいます。私の力ではない。私の書いた紙一枚をお守りにして生きてこられた彼女の人生がすばらしいと感じます。

美雪さんへ

　京都大学の大学院生だった頃、私はこの方のような不登校の高校生の家庭教師をしながら、児童相談所ではプレイセラピストとして療育に関わりつつ学んでいました。その頃に出会った別の一人の女性を紹介しましょう。

　彼女は美雪さん。最初に会った時、私はまだ修士1年生23歳。彼女は16歳でした。対人関係が難しく、京大病院の精神科にかかっていて境界例（ボーダーラインキャラクター）と診断されていました。家庭教師とはいうものの、勉強するよりおしゃべりが多い2時間を、彼女の体調のいい時だけ家を訪ねて過ごしていました。

　しばらくすると、高校を退学し、家庭教師は必要なくなりましたが、前任のカウンセラーが京大を出られたこともあってカウンセリングをひきつぎ、京大の心理相談室でカウンセラーとして会うことになりました。しかし、彼女と私の関係はカウンセリング関係から始まっていないため、臨床家として習う初歩のカウンセリングのルールが通用しませんでした。「一緒に買い物に行きたい」などと言ってくる彼女に、元は家庭教師だったのだからと接近しすぎ、先輩カウンセラーに「カウンセ

第3章　最終講義 コンステレーション ～導かれて～

リングの初心に戻れ」と言われて距離をとり、私はまだまだ彼女の現実に追いついていけていない未熟なカウンセラーでした。

　そんななか、彼女は自殺未遂を起こしました。腹部を数ヵ所包丁で刺したという壮絶な手段でした。私は急に接近しては離れ、愛着を見せたかと思うと攻撃を向けてくる彼女をどうするかということばかりに気がとられて、彼女自身の苦しさに気がついていなかった自分を恥じました。
　病院に見舞い「治るのを待っているから」と伝えると、「うん！」とうなずいてくれた彼女の笑顔にホッとしました。退院後、身体の傷は治りましたが、救急車を呼んだので「自殺未遂をしたことを近所の人がみんな知っている」と家から出られない日々が続き、「相談室には来られない」と母親からキャンセルの電話が続きました。私は電話を切る時は、判を押したように「お身体お大事に」と言っていたと、後から彼女の母親から聞きました。
　私はというと、「家に行った方がいいのだろうか？」「元家庭教師なんだから行ってもかまわないのでは…？」「いや今はカウンセラーだから、自宅に行くのは止めた方がいい…」と、またもや自分の中の矛盾に振り回されていました。

　そんなある日、また母親から電話が入りました。突然、「美雪が亡くなりました」。「また自殺？！」と思いましたが、今度は違いました。自殺未遂の時の傷が、膵臓まで届いていたのを医者が見落としていて、膵液が漏れていましたが、「お腹が痛い」と言っても、「そりゃあ、刺したんだから…」と思っていて、気づいた時には手遅れだったそうです。せっかく生きようとした矢先の彼女の死は、私には受け入れられませんでした。
　葬儀には参列しましたが、彼女の遺体はもちろん、写真も見られないまま帰ってきました。「私はまだ何もできていなかった…」との後悔ばかりが渦巻いていました。そして、彼女の死を受け入れられないことが、他のケースのカウンセリングにも影響して、何をしていても実感のない日々が続きました。煙草もこの頃覚えました。
　「このままでは臨床ができない…」、そう思った私は、「自分の中で彼女の弔いをしなくてはいけない」と思いました。

　当時、私はイメージ療法に関心を持っていて、精神科医の先生に見守られながら様々なイメージ療法の体験をしていました。その中のひとつに仏教の白骨観という方法がありました。これは自分の遺体が朽ちて白骨になるまでをきっちりイメージするというかなり厳しいイメージ体験です。私は、彼女の遺体をイメージして、そ

67

<白骨観>（昭和53年2月19日）

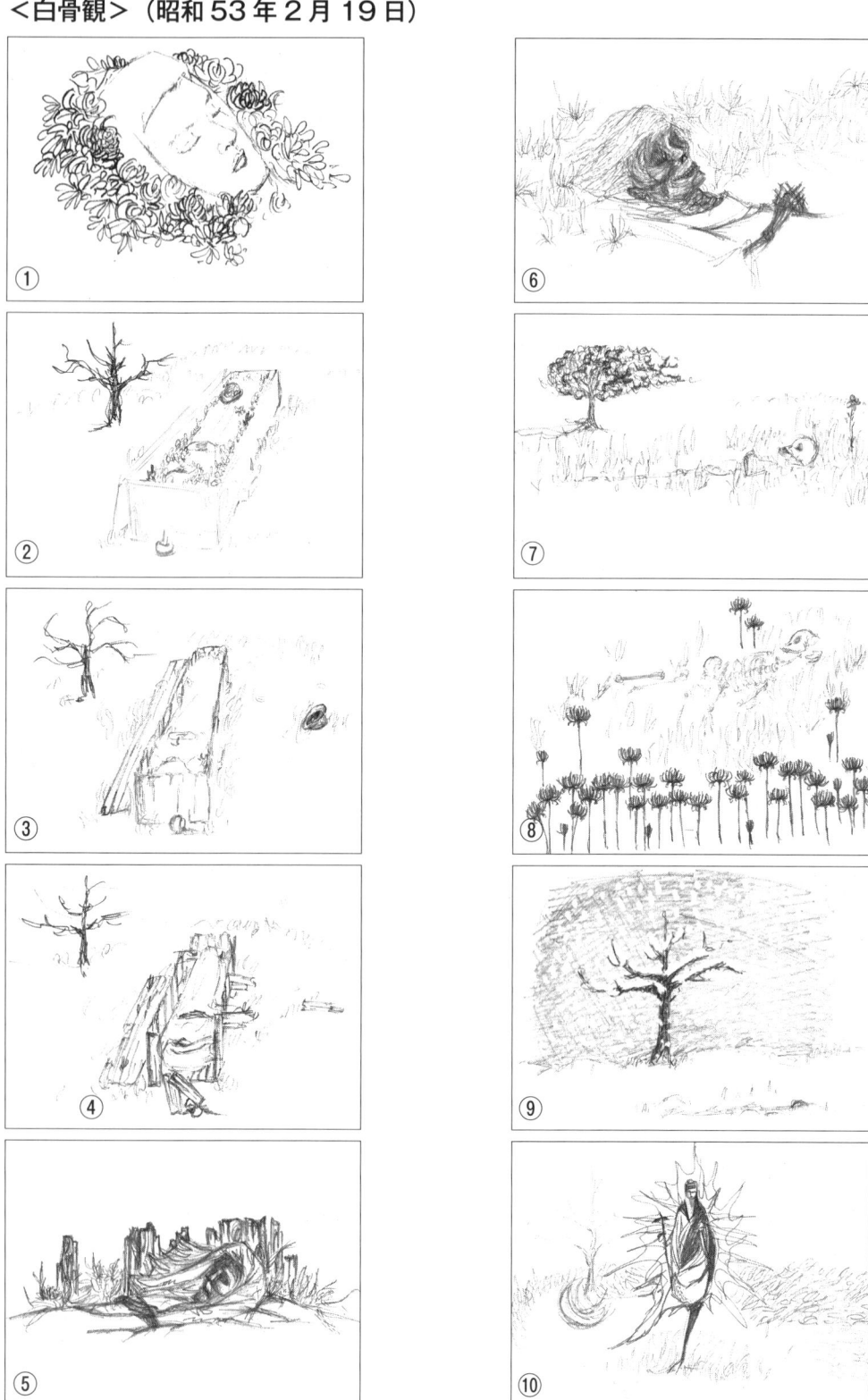

第 3 章　最終講義　コンステレーション　〜導かれて〜

れが白骨になるまでをイメージで追うことで、彼女の死を受け入れようとしました。
　予定が何もない日を選び、下宿のアパートを閉め切ってうす暗くし、彼女の遺体をイメージすることに数時間かかりました。細かいところは省きますが、結局、半日以上かかって、彼女の遺体が白骨になるまでをイメージで追いました。身体が朽ちてウジがわくところがどうしてもイメージできず、何度も失敗しました。しかし、最後に綺麗な白骨になり、まるで死の瞬間のように頭の骨が「カクッ」と横を向いた瞬間に、締め切ったアパートの中を風が吹き抜けました。成仏するとはこういうことかと実感しました。この絵の2枚目にある帽子は、彼女が亡くなる数日前に一緒に街に買い物に出た時に買ったもので柩に納められていました。

　私は何とかカウンセラーとして復活できたのです。
　彼女はすでに亡くなって30年以上が経ちますが、白骨観を体験させてくれた導き手として、今でも私の中にいます。しかし、「カウンセラーは相手の死をも自分の成長の糧にする残酷な仕事である…」とも、この時に思いました。共感できなければカウンセリングはできませんが、一緒に打ちひしがれていてはカウンセリングにはなりません。今あらためて浄土での安寧を祈り、彼女のことを語らせていただきました。

奇跡……

　もう一人、本学に来てから出会った、ある学生に導かれた不思議な体験を話します。
　彼女は、高校時代から不登校傾向があり、入学後の個人面接では幻覚や妄想といった精神病圏の体験を持っていることが語られました。しかし、入学後もすがるように対人援助職を目指し、必死に生きようとしては、力尽きたように倒れてしまうことを繰り返していました。入院先から大学に通っていた時期もありますが、通学途中に何度もJRの車中で倒れ、駅まで迎えに行ったり、救急車を呼んだりすることが続きました。

　当時の彼女の人間学のレポートにこうあります。

　私は今食べるということをしていません。何故かというと食べなくてもいいという考えがあり、それは生きたくないという気持ちにつながっています。食べて生きることが基本的人権だとすれば、私はそれを満たしたくない人の一人です。何故そう思うのかを知りたいです。私にとって生きることは、困難なことです。

69

これは入院先から郵送されてきた最後のレポートです。結局、彼女は退学し、しばらくは大学近くに住んでいましたが、やがて自宅に戻り、メールだけの付き合いとなりました。
　私は時々、出張先から美しい景色などを写真に撮って携帯メールで送り、彼女も近況を送ってくれていました。彼女はやがて看護助手としてリハビリ系の病院に勤め始めました。

　ちょうどそんな頃、私の仏教の師であり、法名をつけてくださった当時本学仏教学科の宮城先生が倒れられ、その後遺症のために福岡市内のリハビリ病院に入院されました。私がその病院にお見舞いに行った日、たくさんある病棟で迷い、やっと尋ね歩いて宮城先生の病棟にたどり着き、5階のエレベーターを降り、廊下を先生の病室まで歩いて行くほんの数十秒の間、偶然にも私の横を通った看護助手が彼女でした。
　「S子！」「先生！」「何でここに！」と同時に叫びました。なんと、彼女は宮城先生の担当看護助手でした。もちろん、彼女は学科の違う宮城先生のことなど知るはずもなく、「どこかの大学の仏教の先生とだけ聞いていた」と言いました。
　その後、「自分自身が落ち込んでいたら、宮城先生が優しく頭をなでてくれた」「サヨナラのあいさつに行くと、必ずにっこりと笑ってくれる」などのメールが何度か届きました。しかし、数ヵ月後、彼女は体調を崩して看護助手を辞めました。

　そしてある日、私が出張先から写真添付のメールを送ると、「山田先生って誰ですか？」と返信が返ってきました。私はびっくりして、「あなたの短大時代の担任

第3章 最終講義 コンステレーション 〜導かれて〜

ですよ。忘れたのかな？ でも、なぜ先生ってわかったの？」と返信すると、「着信に山田先生と出たから私の先生なんだと思った。でも今は、記憶を失っているので誰だかわからない」と言いました。驚きました。でも、メールをくれるのは構わないというので、それからも出張先の綺麗な風景写真を時々送りましたが、近況を聞くのは止めました。

　その半年ほど後のある日、突然、彼女から「宮城先生が意識不明です」とのメールが入りました。私は、その事実もショックでしたが、彼女が私と宮城先生の関係をなぜ思い出したのかが不思議で、「なぜ、宮城先生の様態を私に知らせようと思ったの？ 記憶を取り戻したの？」と返信しました。彼女は看護助手時代の友人から「あなたの担当だった宮城先生が意識不明」とメールを受け取った時、「これは山田先生に知らせなくてはいけないことだと思った」と言いました。なぜだかわかりませんが、そう思った時、彼女の記憶が一部戻ってきたというのです。
　宮城先生は危篤になって、もはや自らは何もできない状態だったのでしょうが、その存在そのもので彼女と私をもう一度つなげてくれるという働きを最後にされたのだ、と思いました。最後まで宮城先生に守られた彼女を、私もまた見守り続けてゆきたいと思いました。
　その後、彼女はデイケアに通ったり、デイケアで介護をしたりしながら再び対人援助職を目指して介護士資格を取得しようとし、いつも懸命に生きる人でした。その彼女が「結婚します」とメールをくれたのは、つい1ヵ月ほど前のことです。心から幸せになってほしいと思います。

　今回、皆さんの前で彼女のことを話すことの了解をもらうためにメールをすると、彼女は「私のことが先生の最終講義の役に立つなら…」と快く承諾してくれ、「最終講義、山田先生らしく素敵な講義にしてください」と言ってくれました。さらに、昨年、二人の祖父を亡くしたことを語り、「介護をしていた時に利用者さんの死に出会った時、先生と"亡くなる"ということについて話をして、先生の考えを教えていただいていたなぁと、ちょうど思いだしていたところでした」とありました。そういえば、「人が亡くなる」とは単に消えていなくなることではなく、「ないことがある」すなわち「その人がいないという事実を抱えて私がここにいる」ということだと思うよ…と、宮城先生がなくなった時、彼女に話したことがあるのを思い出しました。やはり、彼女たちに導かれて、私は気づかされてきたのだと再び感じました。

感謝をこめて

　「心理なんてやくざな仕事、できればしなくて済む方がいい」と私はよく学生に言います。相手の心理なんてそうわかるものでもないし、わかったところで何もできないことの方が多いです。辛さを抱えたクライエントに寄り添うなんてことは、言うほど簡単ではありませんし、見捨てるくらいなら最初から関わらない方がいいとも思います。しかし、元来、おせっかいな私は、あまり覚悟もせずに関わり始めてしまっては、後悔することの繰り返しでした。それで傷つけてしまったクライエントもたくさんいることでしよう。謝れるものなら謝りたいです。

　でも、ここまでやってきてよかったとも思います。やるなら本気でやれば何かが見えてくる、何かが守ってくれる…、そう思います。

　私が出会ったたくさんのクライエントや学生たちに、ここまで歩ませていただいたことを深く感謝して最終講義とします。

　　　　　　　　　　　　　　　　　　　　　　　　　　　　　　　　釈尼理璋
　　　　　　　　　　　　　　　　　　　　　　　　　　　　　　　　合掌

第 4 章

保育心理士と真宗保育
(2011年12月23日 九州大谷真宗保育研究会シンポジウムより)

保育心理士と真宗保育

1．はじめに

　保育心理士資格は、保育現場において近年増えてきた「心理的支援が必要な子どもたち」の心に寄り添う保育の専門家の育成を目的として、保育士・幼稚園教諭の有資格者をベースにして2000年に社団法人大谷保育協会認定資格として設定された。

　保育心理士資格は、5年間の保育実務経験を有する方を対象とする一種と、これから保育士・幼稚園教諭を目指す養成校の学生を対象とする二種があり、本学はその第二種を卒業と同時に授与される全国初の大学として児童福祉・心理コースを開設した。（2003年度）

　本稿は2011年12月23日、九州大谷短期大学開学40周年記念事業として実施された真宗保育研究会設立記念シンポジウムにおいて発言されたものに加筆修正ものである。

2．大谷保育協会と真宗保育

　大谷保育協会は1983年に宣言された真宗保育理念「ともに生きともに育ちあう保育を実践しよう」という総合テーマを改訂し、2008年「本願に生き、ともに育ちあう保育」と宣言している。

　そして、その理念から問われるものとして、次のように述べている。

　　「保育」は人と人との関係における営みであり、「悩み」と「うなずき」の連続です。その無数の事柄を受け止めていくには、環境を改善したり相手を説得したりする対処的な方法では本質に届きません。「ともに育ちあう」という事柄が、私たちのどこで、そしてどのように成立するのか、ということを確かめることが必要になります。本願に触れた時、人は保育の営みを通して、「人間とは、私とは」という問いにであい、すべての事柄が「私の課題」として見出されます。そこに、真宗保育（「本願に生き、ともに育ちあう保育」）の実践があります。

　さらに、「真宗保育とはなにか」を具現化する手掛かりとしての平易な表現として、「真宗保育とは、子どもが、そのままにいて安心し、安心している子どもと共にいることで、保育者が、自らの矛盾と、人間として生きる本当の

第4章　保育心理士と真宗保育

意味をしらされ、子どもも保育者も、自己の存在に喜びを感じる営みである。

　私が永年の心理臨床において、周囲への適応が難しい子どもたちと出会い、またそのような子どもたちに戸惑う保育者の悩みを聞きながら浮かんできていたのは、歎異抄の「善人なおもて往生をとぐ、いわんや悪人をや」のことばであった。
　私たちは、自分たちに従ってくれる子どもを善い子、従わない子を悪い子と考えてしまう傾向にないだろうか？　さすれば、その善人とは私への問いかけをしてこない子どものことであり、悪人とは私の言動を真摯に問いかけてくる存在であるといえる。
　私は、「問題児」「障害児」「気になる子」と呼ばれる子どもたちに、保育者への「それでは僕たちは楽しくない！」「そんなことでは私は安心しない」「私を見守って！」「僕はいていいの？」という心からの問いかけを感じるのである。

　保育は保育士という国家資格を持った専門家が行う営みである。一方、育児は我が子を持った結果として親になった人が行うことである。もし、親が子どもの発達がわかっていて必要な関わりをきちんと行う親で、子ども自身も特別な知識がなくても理解できる一般的な発達を遂げてくれる子どもであれば、保育者という専門家がいなくても育つのであろう。逆に言えば、そうでない親がいて、そうでない子どもがいるから保育者という専門家が「必要とされている」のである。子育てがうまくできない親や周りとうまくいかない子どもが、私たち保育者を呼んでくれているのではなかろうか？

　この善人・悪人を分け隔てとして考えるのではなく、私たちを呼んでくれているその呼びかけに応える私たちであるためには、新たな学びが必要であった。そのことが保育心理士という学びと資格を生みだしたと言ってよいだろう。
　すなわち、問題を抱えた子どもと親に導かれて保育心理士は生まれたと言っていい。私はよく学生に「あなたが困った時は子どもたちのSOSだと思いなさい」と話す。全身全霊で生きている子どもたちが、何かに困っているということ。それが私たちに訴えかけてくるのであり、私たちを導いてくれるのだ。困っていない子は、私たちを必要としないまま育ってゆき得る子どもたちなのだろう。
　先生の言うことを聞いて、善をなしうる子どもは保育者という存在をことさら必要とはしないのである。聞きたくないと思っているわけではないが、従えない何かを抱えている子どもであるからこそ、保育者が共に歩んでくれることが必要なのである。だからこそ、個別支援が必要な子どもに専門的に関わる保育心理士は、大谷保育協会にこそ生まれるべくして生まれたと言える。

3．愚禿釈親鸞から真宗保育を考える

　私は学生たちに「教育方法論」という授業の中で、2コマ真宗保育について講義する。
　それは方法論としてではなく、保育実践の中に「人間観」や「生命観」を息づかせてゆく過程であると思っている。これまでは、「ゴキブリは殺していいのか？」「豚と鯨の命は違うのか？」「ベジタリアンにとって植物は命ではないのか？」などの問いを学生なりに考えさせてきた。
　2011年度は本学をあげての「音楽劇　愚禿釈親鸞」[1]の創作・上演を通して、学生も教員も親鸞聖人の一生を見つめる機会を得た。その舞台は、九州大谷短期大学構内の大谷講堂で9日間12ステージのロングランの他、京都会館で2ステージ上演され、5800人を超える観客の感動のうちに幕を閉じた。舞台で演じられる親鸞のセリフは、本で読む以上に観客の心を打ち、深く印象に残った。学生たちも観劇後、今までになく感動した感想を多く寄せていた。そこで学生たちに真宗保育を考えさせるに当たって、2011年度はこの音楽劇愚禿釈親鸞のDVDを用い、その中の3シーンから真宗保育を考えるという企画を実施した。

安楽処刑のシーン

（1）音楽劇「愚禿釋親鸞～本願に帰す～」
　　この音楽劇は2010年の九州大谷短期大学開学40周年と2011年の宗祖親鸞聖人750回御遠忌を記念して、九州大谷短期大学表現学科演劇放送フィールド学生及び教員スタッフをあげて制作された。
　　親鸞聖人がご自分を「愚禿」と名のられ、私たち凡俗を超越した存在ではなく、舞台終盤に歌われる「まよい　さまよい　いくたび　おそれおののき　たちどまる」生き様の中から、阿弥陀仏という大きな救いの光に出会われていく姿を、主な登場人物は人形で演じ、50人を超える演者たちが歌い・走り・大道具を動かしての舞台であった。

　授業で用いたのは、①吉水の草庵での法然上人への遊女の問い　②忠助の問い　③平太の死、の3場面である。学生たちはすでに学内上演の時に2時間40分のこの舞台を見ているが、そのなかから抜き出した3場面をDVDで見せ、その後にそのシーンと関連させて保育場面での例をあげて問いかけ、学生たちにそれぞれの考えをレポートしてもらった。
　私は、真宗保育とは真宗の教えそのものを学ぶことではなく、保育実践の中の一つ一つのことばや関わり方、さらにはその保育者の関わりの背景に真宗の人間観が存在しているかどうかであると思っている。したがって、学生への問いそのものは

きわめて具体的な保育場面であり、答も具体的な保育者の言動で答えられるものとした。

　真宗の背景は無限に大きいし、そのことばや行動によって展開される保育の可能性もまだ無限である。だから「そんな一言で何がわかるか？」とか「一言で言えるものじゃない」などとおっしゃる方もいる。しかし、目の前の子どもと保育者が今ここという時間と空間を共有した時、そこに現れるのは具体的なことばであり動作である。まるで砂時計の一番狭い場所では砂が一粒ずつ落ちてゆくように、その一点が最も凝集された具体的な真宗だと私は思っているし、保育者はまさにそこで勝負できる人であってほしいと思う。

　以下、そのシーンの脚本、学生たちへの問い、そして、学生たちの感想の順で提示する。

(1) 吉水の草庵

＜脚本より＞
　法然のもとに法話を聞きに多くの人々が集まり、念仏を唱えている。範宴（比叡山修行時の親鸞の法名）もいる。

民衆達　♪南無阿弥陀仏　南無阿弥陀仏　南無阿弥陀仏　南無阿弥陀仏♪
法然　争いや飢えや大火事の絶えないこの世を生き抜いていくのは辛いことですね。苦しみに喘ぐ私たちは、救われないのでしょうか？　いいや、御仏はご自分の名前を呼ぶ全ての者を守って助けずにはおかないとお誓いくださったのです。お誓いを信じてただただお念仏を称えるのです。さあ、わからないことや不安なことがあれば何なりとお話しくだされ。
村人　本当に、「なむあみだぶつ」と言うだけで、わしらは極楽へ行けるのかね？
法然　（優しく）そうです、疑いながらもまずは念仏申しなさい。きっと力が湧いてきます。
町人　「往生するためには魚を食べてはならぬ」と言われます。しかし、わしらは、魚を食べずには生きてはいけぬ。一体どうすればいいのでしょうか。
法然　魚を食べれば往生するというのなら、あの鵜は間違いなく往生！　食べなければ往生するというのなら、猿は間違いなく往生！　そのような迷いごとにとらわれず、念仏のみと信じて、念仏申すのです。
娼婦　私は、身を男に委ねて生きているけがれた女です。こんな私が極楽に往生できるのでしょうか。
法然　阿弥陀仏はあなたの為にこそ、女人往生の願をお立てになった。みずから棄ててはいけません。本願を信じてお念仏を称えなされ。

民衆たちは感嘆の反応。

民衆　（それぞれに）ありがとうございました。
民衆　南無阿弥陀仏　南無阿弥陀仏　南無阿弥陀仏

＜学生への（問１）＞
「僕、友達叩いちゃった」「私、絵が描けない」という子どもに対して、どのような保育者の関わりがこのシーンで語られている真宗の教えにつながるのだろうか？

＜学生コメント＞
- 良心に反することやできないことに対して悩む子がいたら、法然上人が言われたように「御仏はご自分の名前を呼ぶすべての者を助けずにはおかないと約束された」ということばのように、見守ってくれている人がいるということを保育者が知らせることだと思います。
- 叩いたという行為を叱るのではなく、叩いてしまった子どもの気持ちに着目したいと思います。子どもの気持ちをくみとると「絵は描かなくてもいいよ」と言って安心させてあげることが大切ではないかと思います。
- 人はそれぞれみな違う。だから良いところも違うし、価値観も様々。「あなたにはあなたのよさがある、人と比べる必要はないよ」と、それがその子らしい自分の個性と受け止め、その素晴らしさを伝えてゆくことが大切だと思いました。
- 「そんな失敗をしたあなたでも、私は見守っているよ、救ってあげるよ」というような気持ちで保育者がいることが必要なんだと思います。子どもたちが不安になった時に、家ではない保育園という場にどれだけ安心できる場をつくることができるか、私たち自身の中にどれだけ信頼があるかが重要なんだと思いました。
- このシーンは「皆がやっていることと自分がやっていることの違いに迷う」「周囲が唱えることばに惑わされる」「自分は周囲より劣った人間である」といった人の心の弱い部分が表され、それを法然上人が温かなことばで否定し、励まされていると思います。「友達を叩いちゃった」「絵が描けない」と言っている子どもには、「ちゃんと言ってくれてありがとうね」「一緒にしようか」と、まずは肯定してから背中を押す働きかけをしたいと思います。
- 人は一人一人個性があり、いい所・悪い所も全て含めて人間である。何か悪いことをしてしまったとしても、ちゃんと自分で自分を理解しているのであれば、御仏はちゃんと見ていてくれる。全体に合わせることより、一人一人の個性があることがすばらしいことである。
- 自分を責めている子を守ってあげたい。それもあなたの大切な一部なんだと教えてあげられるような関わりが必要だと思う。保育者がまず「ちゃんと見ているよ」「守っているよ」と、子どもが安心できるように関わることがこのシーンの教えにつながると思う。

第4章　保育心理士と真宗保育

・子どもの目線でということはとても大切なことだけれど、とても難しいことでもあります。これは日頃から思っていなくてはできないことです。真宗の教え「ただ念仏を唱えること」とは、そのような日頃から思い続けるためのこととしてあるのだと思いました。

（2）忠助の問い

＜脚本より＞
忠助が思いつめた表情で親鸞に寄って来る。

忠助　親鸞さま、おら念仏となえても、ちっとも嬉しくならないだ。浄土へ早く行きたいと思えねえだ。死ぬのは嫌だ。おらは駄目な人間だ！
親鸞　……忠助。実はこの私もそうなのだよ。
農民達　し、親鸞様……！
親鸞　そう、念仏をとなえても躍りあがるような喜びの心が湧いてこない。これはな、煩悩の仕業なのだ。生きるに苦しいこの世だが、死は怖い。人は皆、煩悩を持っている、だからこそ、そんな我らを御仏は、お救いくださるのだ。
忠助　親鸞様……
親鸞　海、川の漁師、山の狩人、あきんど、土地のない百姓、みんな、いし・かわら・つぶてのような我らだ。そんな我らの為に御仏は本願をおこされたのだ。さあ、苗を植えましょう！
農民達　親鸞様！

＜学生への（問2）＞
あなたの保育中「ボク、楽しくない」と保育に入らない子どもに対して、どのような関わりをする保育者が真宗保育の実践者と言えるだろうか？

＜学生コメント＞
・楽しくないことは子どもが悪いのではなく、楽しくないという形での保育者への問いであると感じました。
・「楽しくない」という子どもに対して保育者はその子の気持ちを否定するのではなく、受け止めるべきだと思います。例え、みんなが「面白い！楽しい」と思った保育でも、その子一人が「楽しくない」と思っていれば、今度はその子に合った保育の展開をしたり、その子と一緒に遊びをつくったりしながら、ともに楽しむことを探します。

- 一生懸命できない自分がいるが、自分も楽しくなりたい、楽しみたいと思っている子どもの気持ちを、保育者が引きあげてあげることが大切である。
- 親鸞は農民たちも含め、全ての人々がとる行動やことばを否定せず、全て受け止めてくれました。そして、皆にあった答へ導いていたと思います。私たち保育者もそのように子どもの言動を否定せず、「楽しくないんだね」とまず今の子どもの状況を受け止め、そこからその子が楽しめるにはどうしたらいいのだろうと新しい答や選択肢を与えてゆくべきだと思いました。
- この短大で真宗保育を学び、自分のあり方について学びました。今後保育に入れない子どもに出会ったら、私はその子が私を成長させてくれる存在であり、何かを伝えようとしてくれているのだと受け止めたいと思います。
- まずこの子を、「ほかの子と同じことをしない困った子」と思わないことが大切だと思う。「なぜその子は楽しくないのだろう？」「なぜそう思っているのか」を考えていかなければならない。
- 周りが楽しんでいることを楽しめない時、そんな「楽しいと思えない自分はだめなんだ」と思っていることがあります。だから私は、何か少しのことでも、子どもに動きが見えたらその子を認めてあげるような声かけをすることが大切だと思いました。
- 決して保育を無理強いすることなく、その子どもに寄り添うことが真宗保育の実践だと思います。自分の保育を押しつけてつまずく子どもを引っぱりあげるのではなく、あくまでも対等の立場に立って子どもの歩幅に合わせるのが大切だと思います。
- その子と同じ気持ちになり、その子に安心してもらえるようなことばかけをしてみる。自分はだめなんだという気持ちがあると見られるなら、その考えを楽にしてあげることばかけをする。
- 保育中に部屋を出て行ったりする子どもはだめな子どもなのではなく、保育者に助けを求めている子どもなんだとわかった。
- 子どもたちが安心して悩める場所があること、その場所をつくることが私たちの役目だと思いました。
- 「楽しくない」というのは、本当は楽しみたいと思っている気持ちの表れであり、楽しみたいのに楽しめないという気持ちを感じ取ってやらなければならないと思う。

（3）平太の死

＜脚本より＞

　たえは親鸞たちを、寝ている平太の所へ連れてゆく。

親鸞　平太……。
平太　親鸞さま……、おら、死にたくねえ……、忠助の言うことが、今、わかった……。
忠助　平太！
たえ　親鸞さま、おらが悪かっただ、なんやかやこの人に色々言い過ぎた！　おらが悪かっただ！

親鸞さま、助けてくれ！

親鸞は、堂々と自信にあふれて話し始める。

親鸞 平太、たえ、安心しなさい。私には今、阿弥陀仏の声がはっきりと聞こえる！「何もかも、この阿弥陀にまかせなさい」と。私たち全ては、すでに御仏にいだかれているのだ。平太、たえ、おまかせするのだ。
平太 ……南無阿弥陀仏……。
親鸞 そうだ。南無阿弥陀仏
たえ 南無阿弥陀仏
親鸞 そう。南無阿弥陀仏
コーラス ♪南無阿弥陀仏　南無阿弥陀仏　南無阿弥陀仏　南無阿弥陀仏
　　　　　　光の中に　花の中に　雪の中に　共に♪
親鸞 私たちのいのちは限りあるもの。誰もが死んでいかねばならぬ。だが、往生とは死ぬことではない。この世で生きながら、御仏にいだかれていることに気づくこと。
コーラス ♪南無阿弥陀仏　南無阿弥陀仏
　　南無阿弥陀仏　南無阿弥陀仏♪
平太 親鸞さま、おら、今、光に包まれてる！
　　たえ、ありがとう……。
たえ あんた……ありがとう。

平太が息たえる。少女が立ちあがる。

コーラス ♪南無阿弥陀仏　南無阿弥陀仏
　　南無阿弥陀仏　南無阿弥陀仏♪

＜学生への（問3）＞
「生きながらにして御仏に守られていることに気づくこと」ということばから、どのような保育者と子どもの姿が見いだされるだろう？

＜学生コメント＞
・保育者は子どものことをいつも見守っています。このようにいつもあなたのことを見守っている人がいるということを伝えていくことが大切だと思います。
・子どものことを第一に考えられる保育者。子どものことを大事に思い、子どものことをやさしいまなざしで見て、子どもと同じ立場に立って保育することが大事。
・一人一人に仏様がついているということ、どんなに怖く、恐れている時でも、一人ではないのだよ、仏様がついておられるのだと子どもにうまく伝えられるだろうか？　このことを伝えるためには、私自身が子どもから尊敬される人間でな

ければならない。子どもに対して「おかげさま」と言える保育者になれるだろうか？
- 「いつでも、どこでも守られているんだよ」ということばを、皆が実感し、それを共に共感しあえる人間関係をつくることが大切だと思いました。このことは保育者と子どもの姿にも重なります。子どもが自分はここにいていいんだ、ここだったら安心できる、楽しいし、嬉しいと思えることがまず大切だからです。私たち（保育者）はあなた（子ども）をいつでも、どこでも見守っているよという関係をつくりあげることが保育者と子どもの間でとても大切なことだと思いました。
- 全ての人が救われるという教えのように、全ての子どもに、特に支援が必要な子どもこそ救われる……というように、保育者も全ての子どもに救いの手を差し伸べることが大切なのだと思いました。
- 子どもの可能性を信じて見守る保育はとても大切だと思う。しかし、なかなか言うことを聞いてくれない子にイライラしてしまい、私はこの子のためにこんなに愛しているのにと思うかもしれない。言うことを聞いてくれる子どもは楽かもしれないが、そもそも言うことを聞かせるために保育をしているのではない。この子のためにと思っていても、もしかしたらその子にとってはその関わりは正しくなく、ただ自分の考えややり方を子どもに押しつけてしまっているのかもしれない。まずは自分自身を見つめなおし反省することが大切だと思う。保育をする上で、子どもから何らかのことを学んで教えてもらっているということを忘れてはならないだろう。
- 保育する立場、される立場という、立ち位置の違いはあれど保育者と子どもの目線は対等に向き合っているべきだと考えます。お互いを見つめ合いながら、保育者は子どもが求めるものやSOSに応え、それに子どもたちは心身の成長という形で応えてくれるものと思います。
- 子どもが問題を抱えていることをマイナスだと考えず、そのことがあるから自分は学ばせてもらっているんだということ。子どもが、自分は失敗しても保育者にちゃんと守られているから大丈夫だと安心して、愛されていると感じられ、保育者は子どもを受け止めてあげられる関係があるべきだと思う。
- 子どもが何か間違ったことをした時、「それは違うよ」と批判するのではなく、子どもがなぜそのような行動を起こしたのかを考えることが大事だと思いました。
- 「生きながらにして御仏に守られていることに気づくこと」ということばを聞いた時は、理解するのが難しくて意味がわかりませんでした。でも、それを保育に置き換えた時、保育者はどんな時でも子どもたちのことを温かく見守ってゆくことが必要なんだ。楽しいこと、嬉しいこと、悲しいこと、苦しいことなど様々なことが起こっていく子どもたちを、どんな時も味方となる、頼れる強い大人として接することが大事だと感じました。
- 悩みしか持っていない自分はだめな人間だと思っている人に、「そのままでいい。悩みのない人はいないし、悩むことは悪いことではない」ということを伝え、安

心して悩む場所があることが大切だと感じます。いつでもどこでも守られていると感じることが大切で、保育者は子どもたちにとってそういう存在でなければならないと思います。
・保育者もその子や子どもたち一人一人がいることで、自分が今存在できていると考えるならば、保育者が子どもたちに指導するという形の保育ではなく、子どもたちと同じ立場に立って、子どもたちに寄り添いながら、子どもが望むことが最大限にできるように工夫するなど、子どもたち一人一人に違う保育をするべきだと思います。

4．真宗保育に関するアンケート調査

10月末、九州連区の大谷保育協会加盟園に対して、真宗保育に関するアンケート調査を実施させていただいた。学生アンケート同様のかなり具体的な保育場面を例にあげて、保育者としての対応を問うものを含むアンケートであった。

どうしても自分の気持ちをことばにできず、手が出てしまう子どもがいる。その子に叩かれて泣いている子どもがいる。「叩くことはいけないこと」「叩かれた子は痛いと言っているよ」「もう叩いたらだめ」と保育では言うだろう。もちろん、それが間違っているわけではない。「相手の痛みを知ることは大切なこと」それも確かにそうである。

しかし、法然上人や親鸞聖人は、「漁師に向かって魚をとるな」とは「河原の浮浪者に向かって死者の着物を剥ぐな」とは言わなかっただろうということが私の頭の中をよぎる。「そのままで南無阿弥陀仏ととなえる」とは、一体どうすることなのだろうか？ 聖人の時代には、その場で合掌して「南無阿弥陀仏」でよかったのだろうが、保育場面ではそうはいかない。この場において「阿弥陀仏に全てをお任せする」とは、叩かれた友だちと叩いた子どもとともに、どう生きることなのか？と問うものであった。

設問１．友だちを叩く子に、叩くことはいけないと言ってきかせる。＜攻撃的な子＞
設問２．遊ぼうとせずボーッとしている子を、一緒に遊ぼうと誘う。＜無気力な子＞
設問３．すぐに保育室を出る子を、そのまま外で遊ばせておく。＜回避的な子＞

アンケートでは、それぞれの対応が真宗保育に適ったものであるかを①とても適っている〜⑤まったく適っていない、の5段階で評価してもらう形とした。

九州連区内の大谷保育協会加盟園155園にお送りし、54件の回答をいただいた。みなさん、とても考えられ、難しかったとの感想を添えて返送してくださった。園内研修を経て書いてくださった園もある。ありがたいことである。

そして大変興味深いことに、この設問に対する現場の皆様の回答は、①（とても

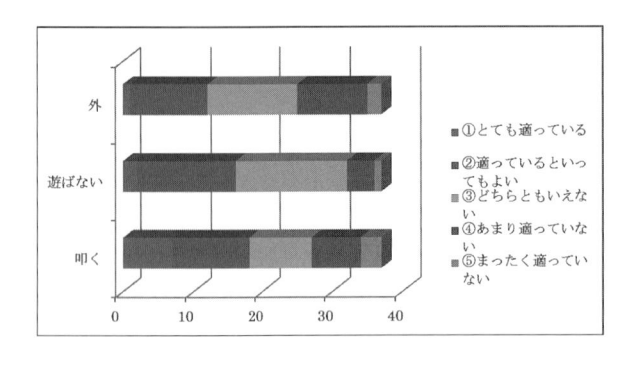

適っている）から⑤（まったく適っていない）までの全てにわたっていた。それだけ対応が難しいとも、それだけ現場の対応は多様であるとも言えるだろう。そして、それぞれに必ず丁寧に理由が示されており、それは理にかなったものであった。

しかし、そこに親鸞聖人がいらしたなら……と考えた保育者はどれほどあったであろうか？　真宗は形ではない……とは、確かにそうであろうが、保育という日常の生活場面では、一つ一つがことばに、態度に、真宗が現れてくるのである。親鸞聖人が保育士だったらその子に何と言うだろう？　「叩くことはいけないよ」と言うだろうか？　この子は叩くことはいけないとわかっていないのだろうか？　何を言ってやることがこの子の心に届くのだろうか？　……それを一緒に悩んでほしい。

「叩くことはいけないことくらい、子どもはわかっている」「何がどうしてそうなったかを知らずに何をやってもダメ」などの記述もあった。一方、「共にいることに支障がある叩くという行為はとめるべき」「相手の痛みを知ることが大悲につながる」という意見もある。

いずれにしても、「これが正しい」「これでいい」という答はないように思う。しかし、どちらの意見も聞きながら、自らのなかで考え続けるきっかけを子どもたちからいただく姿勢を持ち続けることが真宗の姿勢であるように思うのである。

また、多くの園から「実践を振り返る機会を得られてありがたい」「今までここまで実践を掘り下げたことがなく、いい企画だと思います」「方法ではないと思いつつ、ついそちらに目が向いてしまう自分がいました」「真宗保育の本質を現場の保育実践から明らかにしようというこれまでにない企画。待ってました！という思いです」「園の職員全員で話し合う機会になりました」などの感想をいただいた。

5．事例研究を通して真宗保育を考える

私は、各地で保育スーパービジョンを実施し、多くの保育園・幼稚園の方々と共に、子どもの事例を通して学ばせていただいている。最後にその中の一事例を紹介し、それを通して真宗保育を考えたいと思う。

＜事例の概要：問題行動＞
入園前の3歳児健診で小児科医より「ことばの遅れと幼稚園での集団生活が上手くできないかもしれない」と言われたと保護者から連絡をもらっての入園。

入園直後は身辺整理ができず、登園後保育室の中をうろうろしたり、走り回ったりすることが多く、他の子どもと関わろうとする様子は見られなかった。
　特に気になったのが、偏食で、給食で出されるもののほとんどが口にできず、何も食べずに降園する日もあった。また、同じ食材でも切り方や調理の方法が違うと食べられず、どんなに小さく切っても見つけて出す。少しでも食べさせようとするとパニックになることもあり、接し方に迷うことが多かった。
　自分の保育室以外の場所に行くと部屋の中をうろうろしたり、他の子どもを叩いたり、興奮状態になるので、そのつど落ち着かせようとすることが多かった。

＜スーパンビジョン以前の園での対応＞
　物事に対してのこだわりが強く、特に気に入った玩具を他の子どもが触っただけでパニックを起こしていたので、Y君の気がすむまで遊ばせたり、他の子どもに我慢してもらったり、あまりひどい時には抱いて落ちつくのを待ったりした。
　保育室を出ていくことも多く、当初はその度に連れ戻していたが、だんだん追いかけっこを楽しんでいる様子が感じられたので、園舎内から出てしまうなど危険のない程度は好きにさせるようにした。
　食事に関してはできる限り嫌いな物は少なめにして食べさせるようにしたが、クラスでの保育のなかでは、他の子どももいるのでどこまでY君の偏食や行動を許すべきかを迷った。

＜スーパービジョンで＞
　スーパービジョンでこの事例を聞いた私は、この子が自分の周囲に対してどれほどの辛さと違和感を感じているかを解説した。「ことばで伝えることができず、周りから求められることの意味がわからず、自分のこの世につなぎとめてくれるもの（こだわり）もすぐに奪われ、自分に与えられるものはほとんどが自分の口に合わないもの。落ちつかなくなるようなことも多く、他の子がなにをするかも予測がつかず、パニックや興奮で壁を作って自分を守っているこの子どもに対して、園ができることは何なのかを考えてください」と話した。私がスーパービジョンで話すのは、たいていこのような子どもの心の通訳のようなことである。
　この事例においても、特に偏食に対して、「まずこの子が嫌いなものを取り除いてやることはできないでしょうか？」と問うた。「この子が苦手なものをできるだけ取り除いてやることによって、この子にとってこの世が自分を排除するものではないことを伝えてほしい」という私のことばは、ともすると「甘やかし」に聞こえたかもしれない。しかし、この園の先生は実行してくれた。

＜園での実践＞
　まず、食事に関しても、給食を見せて食べられるものは何かを本人に確認し、それ以外はすべて保育者が目の前で取り除いてやった。また、食事の時は隣に座り、

食材一つ一つを説明しながら口に入れてみて、嫌がる時は出してもいいことにした。
　Y君は環境が変わる(教室以外の場所に連れて行かれる)ことによって、自分の並ぶ場所がわからなくなり、それが原因で不安になったりひどく興奮したりするということがわかったので、どこに行ってもY君が並ぶ場所にはシールを貼ってわかるようにした。
　説明だけでは理解できないが、見て真似をすることはできるとわかったので、運動会のかけっこの順番を最後にして他の子どもが走る姿を見せたり、練習の場所が変わった時には常に職員が傍にいるようにした。

＜2回目のスーパービジョン＞
　3ヶ月後のスーパービジョンでは。大きな変化が報告された。
　まず、保育者が給食の時に側に座って、嫌いなものを取り除き始めると、Y君はびっくりして見ていた。そして、嫌いなものを全て取り除いたものを渡すと、あっという間に食べたという。そして、1ヶ月ほどすると、それまで食べなかったものも少しなら食べるようになり、やがて食事を嫌がらなくなった。3ヶ月後にはまだ、多少の好き嫌いはあるがほとんどのものを食べるようになり、家庭では口にしないものも園では食べられるようになった、という連絡を保護者からもらったと報告された。
　また、保育活動中に教室から出て行くこともなくなり、自分の場所に一定の時間座っていられるようになった。真似してやることが増え、できないことは保育者に頼むが、それまでのように嫌なことや苦手なことを最初からしないのではなく、自分でやろうとする気持ちもでてきた。

　保育者は報告する。
　　これまでの私の保育は気になる行動をとる子どもをなんとか周りに合わせようとしてきました。その結果"なんでできないのだろう？"や"どうやったら落ちつくか"と思うことが多く、子どもの行動を規制することが多かったように思います。
　　今回スーパーバイザーから「できなくてもいい」「嫌なことは取り除いてよい」という話をされた時も、最初は"そうすることで他の子どもたちは、その子のことをどう思うだろう？"ということばかり気にしていました。
　　しかし、実際に子どもの記録を振り返り、苦手なことを取り除いたことで、まず自分自身が保育をする時の気持ちが楽になりました。"させなくてはいけない"という思いがなくなっただけで余裕が持てるようになりました。
　　また、Y君のことを考えた保育をすることで、クラス全体も今まで以上に細かく子どもが見られるようになりました。Y君のおかげで私自身が大きく変われたと感じています。

私は、子どもたちは幸せになるために生まれてきて、幸せな幼児期を過ごすために園に来ていると思っている。子どもは誰でも幸せになる権利があるのだ。それを邪魔しているものが子どもの遅れであれ、感覚過敏であれ、こだわりであれ、虐待であれ、できるだけ和らげる術を持っている保育者でありたい。子どもを追いつめているものが、保育の方法であったり保育者のこだわりであったりするならなおさらである。
　この先生が、Y君のそばに座ってY君の嫌いなものを取り除く作業をした時、Y君には先生が「自分を守ってくれる存在」と見えたのではなかろうか？ Y児のこだわりや偏食をそのまま認めたことが、この子に「この世に生きながらにして仏に守られた身であること」を伝えたのではないか……と、その後のこの子の変化を見ると思うのである。そしてこの事例は、守られた身であることに気づくことが、どれほど日常を豊かにしうるものかを教えてくれる。
　また、3ケ月後のこの保育者の顔が穏やかで、最初の「本当に困っているんです」と話した時の厳しい顔と全く違っていて、着席しているだけでは私にはその人だとわからなかったほどであったのを思い出すと、この子がまさにこの保育者を真の保育の道に導いたと感じるのである。

6．私の中の真宗保育

　真宗保育は方法論ではない。しかし、目の前の子どもに向き合った時、いま具体的に何をすることが真宗につながるのかを常に問われる歩みでもある。
　御仏が私たちを見守ってくださっているように、私は子どもの命をまるごと見守っているだろうか？と問われながら、しかし、「今するべきこと」や「してはならないこと」がある。それは生きる上での方便であろう。その方便なきものは、机上の空論となる。空論になった時、保育者は自分の論を振り回し、戸惑い、迷い、立ちつくすのは子どもたちである。
　私自身は子どもたちの心のSOSから自らの歩みを始める人間であるらしい。SOSを感じた時に自分の中の何かが動きだす。目の前の子どもと共に、まずそのSOSを何とかする方便を共に考え、そしてその方便の向こうに真宗を見出してゆきたい。それが私自身の真宗保育への歩みであると感じている。これからも私を必要としてくれる人たちがいる限り、ともに歩み続けたいと願う。

2012年9月 開学

特定非営利活動法人
子どもと保育研究所

ぷろほ
PRO-HO

あなた に合った
学び が待っています

受講生募集

春期（5・6・7月）　秋期（9・10・11月）　冬期（1・2・3月）

子どもと保育研究所ぷろほの思い

　子どもの心に寄り添える保育者がいてほしい、子どもの幸せを手助けできる人が乳幼児のそばにいてほしい・・・そんな願いで、子どもと保育研究所ぷろほ（「プロの保育者」を短縮したネーミング）を設立いたしました。
　子どもは幸せになるために生まれてきているのです。その、幸せになることを邪魔しているものが発達の遅れであれ、感覚過敏などの生来的なものであれ、虐待などの強いストレスであれ、その辛さを少しでも和らげることができる技術や知識を持った保育者が子どものそばにいてくれれば、子どもの日常は少しは安心できるものになるのではないかと思って、数々のカリキュラムを組みました。
　また、これらのカリキュラムは、保育者養成に関わる大学教員の方々にも、自分の専門分野以外の保育に関わることがらを理解するのに役立ってくれるでしょう。

　子どもと保育研究所ぷろほは、保育心理士関連科目に加えて、感覚統合やタッチケアなど身体を通したアプローチ、心理発達を促す表現療法的アプローチ、保護者支援のためのカウンセリングや親支援プログラム、虐待予防に関するワークショップなど、これから保育現場でリーダーとなってゆく方々が、様々な子どもや保護者に対応できるために必要な専門知識・技能に関する科目を3ヶ月の受講で習得する場です。

　これからの保育者のスキルアップ研修に、次代を担う保育リーダー養成に、保育者養成に関わる大学教員内地留学先として、ぷろほをご利用いただければと思います。

2012年4月
子どもと保育研究所ぷろほ 理事長　山田 眞理子

＜略歴＞
広島大学教育学部卒業
京都大学大学院　教育学研究科　修士・博士課程修了
京都大学において河合隼雄先生のもとで心理臨床、箱庭療法などを学ぶ。大学院での相談室活動を通して、子どもの日常にかかわる保育者が心に寄り添えることで相談室に来なくて済む子どもたちがたくさんいることに気づき、「心に寄り添える保育者養成」を願って九州大谷短期大学に就職。30年余りの教員生活の中で「保育心理士資格」を立ち上げるなど、一貫して子どもの立場に立った養成を行う。還暦を機に、「保育のリーダーとなる人が、保育現場において必要とされる専門性をさらに学ぶ場が必要」との思いから、本研究所創設に踏み切る。
NPO法人チャイルドラインもしもしキモチ代表理事　　NPO法人子どもとメディア代表理事

科目の内容

基本コース受講生は、下記の①〜⑬に関する科目をすべて受講できます。

① 保育心理

子どもの心理発達を、保育実践の観点から見直し、０歳からの乳幼児期の生活において必要な心理的体験を、保育の中でどのような実践として実現してゆくのかを考える基本講座。

② 保育心理演習

「子どもの心に寄り添う」保育者のあり方を様々なワークショップの形で体験的に学ぶ科目。自分のなかに目の前の子どもの気持ちがすっと流れ込んでくるような保育者になることを目指す講座。

③ 臨床心理学

子どもの心の構造を学び、行動や態度の背景にある様々な気持ちの機微を理解する。また、PTSDやフラッシュバックなど、心に傷を持った子どもたちの言動や育ちに関しての理解を深める。

④ 子どもの権利

子どもへの暴力防止プログラムから、特に幼児とその親に身につけておいてほしい考え方を学ぶ。子ども自身が自分の気持ちや命、権利を大事にできるように育つために、幼児に向けてどのようにわかりやすく示すのかをワークショップ形式で学ぶ。いじめや虐待が多い中で子ども自身の力を育てる重要なプログラム。

⑤ 親支援プログラム

保育者にとっていま大きな課題になっている保護者支援。しかし、保護者の世代も変わってきていて、今までのような助言が通用しない場合も多い。一般的なカウンセリングではなく、親支援のためのプログラムを具体的に体験的に学ぶ講座。そのまま保護者会で使える、親との信頼関係を深めるワークショップも。

⑥ タッチケア

親子のふれあいを促すベビーマッサージなどを、実技を交えて学ぶと同時に親自身のリラックスやストレスケアを体験する。

⑦ 感覚統合

人間の身体の動きに伴う様々な感覚とのバランスにつまずきが見られる子どもが増えている。感覚運動を通して子どもたちの身体と感覚、心のバランスを取り戻す遊びを保育の中でどのように実践してゆけるかを中心に感覚統合の基礎を学ぶ。

⑧ 言語治療
言葉のつまずきは保護者や保育者にとって子どもの発達の遅れをとらえる重要な指標となる。しかし、発語はたくさんの要素を伴っての結果である。それらの要素を保育の中でどのように構成してゆくのかなど、保育の中での言語発達の促しを学ぶ。

⑨ 絵画療法
幼児の絵画は本来的に絵画療法的な役割を持っている。ここでは、さらに多くの造形的なアプローチを体験し、気持ちをうまく表現できない子どもたちや心の中に表現できないものを抱えている子どもたちに対して、言葉以前の子どもの心の表現や開放を促す方法論を学ぶ。

⑩ 音楽療法
音とリズムとメロディーの3要素が心と体にどう働きかけて子どもの命のリズムやこころの音を引き出すのかを体験的に学び、音楽が持っている力を子どもの生き生きとした表現と発達につなげる。

⑪ ドラマワーク
コミュニケーションの力の育成は、まず「何を表現しても否定されない」というその場への安心感と、「何かを表現したらもっとおもしろくなる」という自由な発想などをベースとする。それらを総合的に含んでいるのがドラマワークといわれる活動である。子どもたちのごっこ遊びへの保育者の感性を開く。

⑫ 発達検査
子どもの発達に何らかのつまずきを感じると、保育者は専門機関で発達検査をしてもらう方向を指向する。しかし、日常の生活を最も長時間観察できる立場にいるのが保育者である。保育者の発達チェックは診断するためのものではなく、正確な理解に基づいた保育の工夫を生み出すためのものである。そのための発達検査のいくつかを体得する。

⑬ ストレスケア（特別講義）
虐待や被災の後遺症に関して、子ども集団の中でのストレスケアを学ぶ。これから現れてくる様々なPTSDに対処できる保育者を願い、東日本大震災の現地での子どもたちの支援活動を続けてこられた方々による特別講義。

（その他の科目内容については、受講者にはシラバスを渡します。）

ぷろほ Q&A

Q1. 誰でも入学できるの？
　研究所への入学はいろいろな道があります。
① 短大や大学で保育や教育を学んだ学生。
② 保育現場で仕事をしていて、スキルアップを目指す人。
③ 保育現場から離れていて、自信を持って復帰したい人。
④ 将来、保育現場の指導的立場になる人。
⑤ 短大や大学で保育を教える若手教員。
　保育士資格または幼稚園教諭や教員免許を持っている人や将来保育現場をリードするたちばにいる人。そのほか、保育に関心があってより深く学びたい人は誰でも受講できます。

Q2. 何を学ぶの？
　現代の子どもたちの様々な課題に対応できるための「心理」「感覚統合」「表現療法」「言語治療」「タッチケア」「虐待予防」などの講座を受講します。
　すなわち、子どもたちをサポートするあらゆる角度からの学びができる研究所です。

Q3. 子連れでも行ける？
　3か月の受講期間は、朝から夕方まで講義がありますので、近隣の保育園の一時預かりをご紹介します。

Q4. 受講終了後の就職サポートはありますか？
　研究所が関係している全国の園への積極的な紹介をいたします。つまり、このような学びが必要と感じている園は子どもたちへの想いを共有していると言えますので、きっとあなたに合う園が見つかるでしょう。

Q5. 住むところはどうしたらいいですか？
　とくに寮などはありません。研究所まで通える範囲で、アパートなどを探していただくことになります。

Q6. 授業は講義形式？実習？
　講義形式のものや、絵画療法や音楽療法などのように実際に体験する形のもの、個別支援実習の実践レポートなど、さまざまな形の講座によって、しっかり身につくように構成されています。

Q7．3か月続けて受講は難しいのですが…

　　分割コースで受講という方法があります。通常1期3か月の受講を、下記の方法で受講することが可能です。受講料は1期分です。

① 週3日（2期で履修）コース
　　第1期目に週の半分（日・月・火曜日）を受講、第2期目に残りの曜日（木・金・土曜日）を受講することで、全科目を終了する。

② 週2日（3期で履修）コース
　　週2日ずつを3期にわたり受講することで、1年間で全科目を終了する。

③ 週1日（6期で履修）コース
　　週1日ずつを6期にわたり受講することで、2年間で全科目を終了する。

　※②③については登録時に、どの期に何曜日を受講するかを最初に決定して頂きます。

④ 1ヶ月ずつコース（3期履修）
　　1期ごとに1ヶ月分（3週間）ずつ受講し、3期（できれば1年以内）かけて全科目を終了する。遠隔地から受講される方におすすめです。

Q8．受けたい科目だけ受講できますか？

　　科目選択履修での受講が可能です。入学受講の方が優先ですので、席が空いている場合のみ受講を受け付けます。関連科目を受講しやすいように、保護者支援に関する科目（木曜日）、発達障害に関する科目（月曜日）など曜日をまとめていますので、複数科目の同時受講をご検討ください。

　　受講料は、その科目の　開講回数×3000円　＋　申込金　1科目1万円　です

　　　　（科目選択例）
　　　　（例1）感覚統合だけを受講：申込金1万円＋受講料3000円×10回＝4万円
　　　　（例2）アーツセラピーコーディネイター資格を取得：
　　　　　　　　申込金5科目5万円
　　　　　　　　受講料3000円×（10＋10＋8＋10＋6）回＝13.2万円　　計18.2万円

ぷろほ Q&A

Q9. 実習はありますか？

　大学教員の方や大学から直接進学の方は、2週間程度の個別支援実習をしていただきます。（研修場所は、受講生の地元か本研究所が紹介する園です）現場経験のある方や、保育現役者の方は特に実習をする必要はありませんが、個別支援レポートの提出が必要です。

Q10. 遠隔地ですが受講したいです

　研究所のある場所に3ケ月生活して受講することが基本になります。大学教員の方は内地留学制度を利用して受講してください。どうしても3ケ月まとめて休めない事情のある方は、分割受講の④をご利用ください。

　また、2012年～2013年の全5期については、東日本大震災で被災した保育者や保育園に勤めていた方については、各期10名まで本研究所の受講料を全額免除といたします。この機会に3ケ月、自分のケアを兼ねて、子どもの心理やストレスケア、親支援などにいて学んで震災後の子どもたちに役立ててください。（詳細はお問い合わせください）

Q11. 資格取得はできますか？

① 保育心理士
　保育心理士関連科目をすべて受講し、レポート等を提出すれば終了と同時に大谷保育協会より認定されます。（本研究所は保育心理士養成校として認定されています。）

② アートセラピーコーディネイター
　認定に必要な科目を受講すればアーツセラピー総合研究所より認定されます。

③ 言語保育セラピスト
　資格名を検討中ですが、幼児期の言語セラピーに関する専門的資格として言語療法学会より認定される予定です。

　感覚統合、タッチケア、虐待防止、親支援プログラムについては、その資格を持つ講師が正式プログラムに準じて講座が行われ、内容として信頼性は保持しています。しかし、資格認定は本研究所とは別の団体となりますので、資格を取得したい場合は各団体にお問い合わせください。

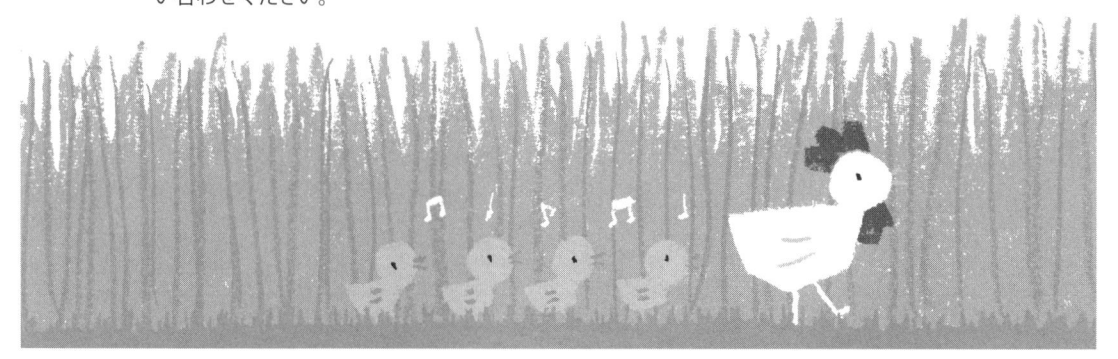

受講方法は選べます

一年間に3期開講します。受講期間は3ケ月です。

　　　春　期　　　　秋　期　　　　冬　期
　　　5・6・7月　　9・10・11月　　1・2・3月

①基本のコース
春期・秋期・冬期のいずれかに入学、3ケ月間の受講。

②分割コース
3ケ月まとめて受講するのが難しい方は分割して受講することができます。日数により、受講期間が異なります。
- 週3日（2期で履修）コース　　・週2日（3期で履修）コース
- 週1日（6期で履修）コース　　・1ケ月ずつ（3期で履修）コース

※受講費用は基本コースと同じです。初回の受講期に全納して頂きます。

③科目選択履修
希望の科目だけを選んで受講することができます。
②③詳細は、P8の「ぷろほQ&A」をご覧ください。

定　　員	各　期　25名（年間75名）
受講資格	保育者関連資格を有することを前提とします。 ※将来保育現場のリーダーになる立場にあるものについては、上記の受講資格の限りでなく受け入れることがあります。
受講費用	①基本のコース・②分割コースとも 　入学申し込み金 10万円、受 講 料 40万円 ③科目選択履修　申し込み金　1科目1万円 　　　　　　　　受　講　料　3000円×その科目の開講回数 ※資格認定料と実習費は別途必要になります

〈教室の会場〉　アジア太平洋インポートマート（AIMビル）4階
　　　　　　　福岡県北九州市小倉北区浅野三丁目8-1-4F
　　　　　　　★小倉駅から徒歩5分

保育と心理の架け橋
2012年7月18日

編　　者	山田眞理子先生を囲む会
表紙・DVDイラスト	オガサワラ　ユウダイ（子ども保育研究所ぷろほパンフレットより）
DVD制作	きりゅう　けいすけ
発　行　人	大塚　智孝
印刷・製本	株式会社シナノ

発行所　株式会社エイデル研究所
〒102-0073
千代田区九段北4-1-9
電話　03(3234)4641
FAX　03(3234)4644

ISBN 978-4-87168-508-5　C3037

■付録DVDについて
付録DVDは、「山田眞理子先生を囲む会」第一部を収録したものです。